世紀
人物 100

青
銅
騎
士

彼得大帝

鄭　義　著

三民書局

世界上最幸福的孩子，是他們一出生就有機會接近故事書，想想看，那些書中的人物，不論古今中外都來到了眼前，與他們相識，不僅分享了各個人物生活中的點滴，孩子們的想像力也隨著書中的故事情節飛翔。

不論世界如何演變，科技如何發達，孩子一世幸福的起源，仍然來自於父母的影響，如果每一個孩子都能從小在父母親的懷抱中，傾聽故事，共享閱讀之樂，長大後養成了閱讀習慣，這將是一生中享用不盡的財富。

三民書局的劉振強董事長，想必也是一位深信讀書是人生最大財富的人，在讀書人口往下滑落的多元化時代，他仍然堅信讀書的重要，近年來，更不計成本，連續出版了特別為孩子們策劃的兒童文學叢書，從「文學家」、「藝術家」、「音樂家」、「影響世界的人」系列到「童話小天地」、「第一次」系列，至今已出版了近百本，這僅是由筆者主編出版的部分叢書而已，若包括其他兒童詩集及套書，三民書局已出版不下千百種的兒童讀物。

劉董事長也時常感念著，在他困苦貧窮的青少年時期，是書使他堅強向上，在社會普遍困苦，而生活簡陋的年代，也是書成了他最好的良伴，他希望在他的有生之年，分享這份資產，讓下一代可以充分使用，讓親子共讀的親情，源遠流長。

「世紀人物 100」系列早就在他的關切中構思著，希望能出版

孩子們喜歡而且一生難忘的好書。近年來筆者放下一切寫作，接下這份主編重任，並結合海內外有心兒童文學的作者共同為下一代效力，正是感動於劉董事長致力文化大業的真誠之心，更欣喜許多志同道合的朋友，能與我一起為孩子們寫書。

「世紀人物100」系列規劃出版一百位人物故事，中外各占五十人，包括了在歷史上有關文學、藝術、人文、政治與科學等各行各業有貢獻的人物故事，邀請國內外兒童文學領域專業的學者、作家同心協力編寫，費時多年，分梯次出版。在越來越多元化的世界中，每個人都有各自的才華與潛力，每個朝代也都有其可歌可泣的故事，但是在故事背後所具有的一個共同點，就是每個傳主在困苦中不屈不撓，令人難忘的經歷，這些經歷經由各作者用心博覽有關資料，再三推敲求證，再以文學之筆，寫出了有趣而感人的故事。

西諺有云：「世界因有各式各樣不同的人群，才更加多采多姿。」這套書就是以「人」的故事為主旨，不刻意美化傳主，以每一位傳主的生活經歷為主軸，深入描寫他們成長的環境、家庭教育與童年生活，深入探索是什麼因素造成了他們與眾不同？是什麼力量驅動了他們鍥而不捨的毅力？以日常生活中的小故事，來描繪出這些人物，為什麼能使夢想成真。為了引起小讀者的興趣，特別著重在各傳主的

童年生活描述，希望能引起共鳴。尤其在閱讀這些作品時，能於心領神會中得到靈感。

　　和一般從外文翻譯出來的偉人傳記所不同的是，此套書的特色是，由熟悉兒童文學又關心教育的作者用心收集資料，用有趣的故事，融入知識，並以文學之筆，深入淺出寫出適合小朋友與大朋友閱讀的人物傳記。在探討每位人物的內在心理因素之餘，也希望讀者從閱讀中，能激勵出個人內在的潛力和夢想。我相信每個孩子在年少時都會發呆做夢，在他們發呆和做夢的同時，書是他們最私密的好友，在閱讀中，沒有批判和譏諷，卻可隨書中的主人翁，海闊天空一起遨遊，或狂想或計畫，而成為心靈知交，不僅留下年少時，從閱讀中得到的神交良伴（一個回憶），如果能兩代共讀，讀後一起討論，綿綿相傳，留下共同回憶，何嘗不是一幅幸福的親子圖？

　　2006 年，我們升格成為祖字輩，有一位朋友提了滿滿兩袋的童書相送，一袋給新科父母，一袋給我們。老友是美國國家科學院院士，曾擔任過全美閱讀評估諮議委員，也是一位慈愛的好爺爺，深信閱讀對人生的重要。他很感性的說：「不要以為娃娃聽不懂故事，我的孫兒們一出生就聽我們唸故事書，長大後不僅愛讀書而且想像力豐富，尤其是文字表達能力特別強。」我完全同意，並欣然接受那兩袋最珍貴的禮物。

因為我們同樣都是愛讀書、也深得讀書之樂的人。

謹以此套「世紀人物 100」叢書送給所有愛讀書的孩子和家庭，以及我們的孫兒——石開文，他們都是世界上最幸福的孩子，因為從小有書為伴，與愛同行。

俄國聖彼得堡城中心，在涅瓦河畔的 12 月黨人廣場上，屹立著一座著名的青銅雕像。彼得大帝騎在一匹前蹄躍起的駿馬上，一隻手威嚴的伸向前方。如果你有機會去聖彼得堡旅行，人們一定會介紹你去瞻仰這座雕像。它是俄國女皇凱薩琳二世女皇為彼得大帝建立的紀念碑。雕塑家是專程從法國請來的法爾科內爾。當時法爾科內爾已經很有名氣，正處於創作的鼎盛時期。本來，他不願意遠離藝術之都巴黎，但為彼得大帝建造雕像的邀請打動了他。他帶著妻子來到聖彼得堡，不料一住就是整整十二年。對彼得大帝的瞭解越多，他越覺得製作雕像的難度越大。彼得大帝艱難坎坷的人生經歷，他那種奮不顧身引領國家走向光明的豪邁氣概，是刻板的傳統手法所難以表現的。法爾科內爾意識到，彼得大帝不是歐洲歷史上一般的君王，而是一位開拓偉大歷史的英雄。他的夢想，他的性格，他的功績以及世世代代俄國人民對他的敬仰，都不是一座四平八穩的帝王雕像所能夠表達的。彼得大帝使俄國「一步登天」，法爾科內爾也想要讓彼得的雕像飛上天！

法爾科內爾邀來一位體態酷肖彼得大帝的俄國將軍當模特兒，請他騎上一匹著名的良種駿馬，一次又一次快速衝上山丘，再勒住馬，讓馬前蹄奮起。法爾科內爾在尋找某種能表現彼得大帝英雄氣派的造型。騎士和他的馬確實一飛沖天了，雕塑家很滿意。但只用

兩隻後蹄立在基座上，能支撐得住嗎？法爾科內爾進行了很多計算，最後，他極其聰明的把馬尾巴變為第三個支撐點。如此，構思終於完滿。他在俄國的十二年中，有兩年多的時間是對雕像進行最後的細緻加工。然後，在雕像的一條衣服折皺裡，刻下了自己謙遜的筆跡：「法爾科內爾鑄造，巴黎人，1778 年」。

雕塑被安放在一塊重達一千六百噸的巨石上。這裡面也有一段感人的故事。這塊巨石據說是被雷電從山崖上劈下來的，所以被人們稱作「雷石」。法爾科內爾被這「雷石」的巨大尺寸和堅硬質地所激動，他堅決要求用「雷石」做基座，不計代價。他終於做到了，因為他的背後是極其景仰彼得大帝的凱薩琳二世女皇。幾百名壯漢先把「雷石」從聖彼得堡郊外的沼澤地裡拖出來，再搬到裝置著銅球的木滑板上，一步一步拉到芬蘭灣，運上特製的大木排下海，再進入涅瓦河，逆流而上，緩緩拖到聖彼得堡，其過程長達兩年之久，可謂艱苦備至。女皇大為感動，特地為搬運「雷石」的人們頒發了一枚刻有「敢作敢為」的勳章。最後一步：雕塑家指揮著四十名石匠精心雕琢，使這塊巨石從任何角度看上去都很像陡峭的懸崖……。

無論後世的人們為之投入多少情感和國力，彼得大帝都當之無愧。正是他推動古老愚昧的俄國發生了翻天覆地的巨變。他打開了通往大海的通道，引進歐洲先進的科學技術、思想文化和典章制度，掃除黑暗與陋習，使俄國一躍而進入歐洲強國之列。他奠定了現代俄羅斯的基礎，他是名副其實的「新俄羅斯之父」。

作為個人，彼得大帝充滿人性的魅力。他熱情、豪爽、勇敢、

忠誠、堅定、樸質。他是奮不顧身的士兵，是英明果決的統帥，是技能熟練的工匠，是開創歷史的君王。他特別熱愛學習，熱愛勞動，熱愛科技，熱愛生活於社會底層的勞動者。無論是作為君王，還是作為個人，像彼得大帝這樣傑出的人物，在世界史上不可多見。

歲月流逝，有多少君王的雕像被人民所推翻！經歷了二百多年的風雲變幻、革命動盪，這尊「青銅騎士」仍然莊嚴聳立。2003 年 5 月，全世界的眼睛都被涅瓦河畔的焰火所照亮——俄羅斯人舉行了慶祝聖彼得堡建城三百周年世界狂歡節。來自全世界的人們都被俄羅斯人的激情所感染。每日從清晨到午夜有近百項活動，整個慶典持續將近十天。人們感覺那位英姿勃發、充滿夢想的偉大君王還活在他們中間。

寫書的人

鄭 義

1947 年生於四川重慶。少年時在北京求學，青年時代到山西農村、煤礦區務農、做工。文革結束，再上大學。1979 年開始發表文學作品。曾任文學期刊編輯、副主編，後從事專業寫作。1989 年遭通緝，流亡寫作三年，後經香港流亡美國。

主要作品有《楓》、《老井》、《歷史的一部分》、《紅色紀念碑》、《神樹》、《中國之崩潰》等。現居美國華盛頓郊區。

青銅騎士

彼得大帝

世紀人物
100

彼得大帝

1672～1725

1 十歲登基的小皇帝

1672 年 5 月 30 日清晨，克里姆林宮大教堂上的巨鐘發出喜慶的鐘聲。隨即，整個莫斯科鐘聲此起彼伏──此後的歷史證明，俄羅斯的祈禱和希望沒有落空，在這一天降生的小王子彼得改變了國運，使落後保守的舊俄國進入了世界強國之列。

老沙皇在這個初生皇子身上寄託了莫大期望。他的第一位皇后生了許多子女，但男孩子們都體弱多病，五位王子夭折三位，剩下的兩個看起來也很難擔當大任。新娶的皇后叫納塔莉婭·基里洛夫娜·納雷什金娜。她年輕健美，終於給老沙皇生了一位健康的兒子。

小彼得滿月那天，老沙皇邀請了幾百名貴族和高官在克里姆

林宮裡舉行了盛大的慶賀宴會。這是真正的俄國式盛宴：到處擺滿了一桶又一桶的美酒，菜上了一百二十道，最後的大蛋糕重達百斤，那是用糕點糖果製作得惟妙惟肖的克里姆林宮。

小彼得第一次露面是三歲那年，場面極其盛大。1675年秋天一個天氣晴朗的好日子，成千上萬的莫斯科居民簇擁在由皇宮通往近郊行宮的大道旁，爭睹小王子彼得的尊容。人們常常可以在各種場面上見到年輕皇后美麗的身影，唯有深宮中的小彼得從未現身，籠罩著某種神祕。

前導衛隊、護衛驃騎隊的駿馬踏著小碎步過去了，皇后納塔莉婭華美的馬車也過去了，誰也沒看見小王子。正當人們懊惱的當兒，有人發出驚嘆：「上帝，他真的來了！」

小王子的車駕終於出現。

　　最前面是幾十名宮廷小丑，然後是七十二名身高一百二十公分的小矮人所組成的侏儒衛隊。小矮人們身穿小軍裝，頭戴小帽盔，胸掛小綬帶，腰佩小短劍，騎在一色的矮種馬上，環衛著一輛小號的描金馬車。看到了！人們終於看到了他們的小王子！大腦袋、暗褐色的捲髮、英俊的臉頰、結實的身軀……有老婦在胸前畫十字：「主啊，您終於給皇上送來了一個天使長！」

　　就在小彼得首次出行後幾個月，一個深冬寒冷的夜晚，老沙皇病逝了。

　　根據老沙皇的遺囑，貴族議會擁戴小彼得的同父異母哥哥費多爾接替了皇位。這位十四歲的小沙皇不僅身體孱弱，還缺乏主見，事事受姐姐索菲婭擺布。二十歲的索菲婭公主聰明敏捷、精力充沛，卻外貌肥胖醜陋。更為

不幸的是，她對權力有著難以克制的渴望。索菲婭利用自己的情夫把持朝政，排斥繼母納塔莉婭皇后和她的家族。

皇后和小彼得被趕出皇宮，來到莫斯科的郊區。貶居之處是一所座落在小山丘上的老房子，低矮、陰暗，據說連一百個銀幣都不值。皇后常常抱著小彼得憑窗眺望，淚流滿面。窗外是起伏綿延的山野和沉默無語的莫斯科河。

小彼得的哥哥費多爾只當了六年的皇帝，於 1682 年 4 月 27 日去世，年僅二十歲，沒有留下後代。現在，有皇位繼承權的是小彼得和他的另一個哥哥伊凡。在兩個未成年的王子背後，迅速形成了兩個爭奪最高權力的政治集團。其實，早在費多爾沙皇病重時，權欲薰心的索菲婭公主就已經開始防止大權旁落。她整日守

候在費多爾病榻之前，一遍又一遍的囑附他，在臨終時只能指定親弟弟伊凡繼承皇位，決不能把皇權交給異母弟弟彼得。奇妙的是，一個桑椹餅打破了索菲婭周密的計畫：費多爾想吃桑椹餅，守在床前的索菲婭遞給他一塊桑椹餅，就在吃這塊桑椹餅時費多爾猝然去世。沒有遺囑，沒有臨終指定。

在大主教的提議下，全俄貴族議會經過激烈爭論做出抉擇，擁立十歲的彼得王子為新沙皇。經過六年的幽閉生活之後，命運就這樣把小彼得推上了皇位。

此時，局勢完全超出了索菲婭公主的控制。在新沙皇的登基儀式上，她不得不和全體貴族一起列隊走過小彼得面前，鞠躬宣誓效忠。小彼得沉著自如的伸過手去讓她吻，她不得不吻，卻暗自發誓要重新奪回權力。宣誓效

忠儀式一結束，索菲婭便怒氣沖沖的回到自己閨房，召來自己的情夫密謀奪權。很快，一個由六七個實權人物組成的密謀集團形成了。他們日夜密謀，準備「起事」。

依照慣例，在小沙皇成年親政之前將由他的母親納塔莉婭皇后代行權力，稱女攝政。納塔莉婭皇后為人熱情，心地慈善，卻不懂操弄權力，毫無心計，根本不是索菲婭公主的對手。當納塔莉婭皇后緊急召回可以信賴的大臣，準備捍衛小彼得的皇位時，索菲婭已經下定決心：利用一支名叫射擊軍的御林軍進行武裝政變。

這時，一個密謀之外的偶然事件發生了。

1682 年 4 月 30 日，一大群射擊軍士兵列隊到皇宮來請願，提出最後通牒，氣勢洶洶的要求朝

廷懲辦苛扣軍餉的軍官。此時，小彼得登基才四天，軟弱的納塔莉婭皇后無法應付局面。她失策的接受了射擊軍士兵的要挾，罷免了十六名團長，並交由士兵們懲處。射擊軍士兵在皇宮廣場上一連幾天鞭笞自己的長官，暴戾之氣日趨旺盛。

　　一直在密切關注事態發展的索菲婭公主決心抓住機會，煽動政變。密謀集團立即派人到軍營散布謠言，說剛去世的沙皇費多爾是納塔莉婭皇后家族毒死的，說小彼得不是老沙皇的兒子，而是納塔莉婭皇后與別人私通的私生子，說沒有當上沙皇的伊凡王子正在慘遭虐待，甚至說伊凡王子已經被「幹掉了」……

　　被煽動的射擊軍士兵包圍了克里姆林宮，點起一堆堆篝火，架起大炮，狂呼亂吼的要為老沙皇和伊凡王子報仇。為了揭穿謠

言，平息事態，納塔莉婭皇后只好壯起膽子，一手牽著彼得一手牽著伊凡，到皇宮外廊來接見士兵。士兵們已經被索菲婭陰謀集團煽動得完全瘋狂，雖然伊凡王子被殺害的謠言已被揭穿，但他們仍然舞刀弄槍的衝進皇宮，按照索菲婭等人事先開列的黑名單搜捕皇后家族成員，並拖到廣場上殘酷殺害。騷亂的射擊軍士兵們連續三天施暴，廣場上到處是火堆和肢體殘缺的屍體。剛剛登上沙皇寶座的小彼得親眼目擊了這場可怕的政變。那些血淋淋的場面，在他年幼的心上種下了殘忍的種子。

　　已經完全被索菲婭公主操縱的射擊軍得寸進尺。納塔莉婭皇后毫無政治經驗，一味退讓。政變的最後結局是：小彼得被降為第二沙皇，病懨懨的伊凡王子成為第一沙皇，索菲婭公主從納塔

莉婭皇后手中奪來掌管朝政的實權，成為女攝政。

暴力與陰謀獲得了全勝。

這一年，小彼得才十歲。除了恐懼，他什麼都不懂。但總有一天會懂。當他成人之後，將無數次從母后與近臣口中重溫這段燭影刀光的政變史。這將成為他血腥的政治啟蒙。

2 戰勝索菲婭公主的政變陰謀

　　小彼得和母親又回到莫斯科郊區的陋屋。

　　在宮廷活動中，一雙小皇帝都是裝潢門面的傀儡。接見外國使節的外交儀式裡，兩兄弟坐在一把特製的雙人寶座上，女攝政索菲婭公主則躲在後面指示他們如何舉止應答。

　　小彼得還是一個孩子，他需要繼續讀書、學習。雖然他很勤奮，但他所受到的教育卻相當混亂粗淺。比如說，他從來沒受過嚴格的拼寫訓練，錯字很多，甚至還養成了一個終生難改的怪習慣：連續拼寫，單詞之間不留空格。但小彼得天賦極高，有驚人的求知欲，後來在歷史、地理、軍事、築城和造船等方面都達到了高深的造詣。

　　小彼得的童年教育雖然不正規卻很有特色。他的家庭教師中有一位善良隨和的老文書，常常藉口自己想喝口酒解解乏停下教學，以便使學習起來過分專注的小彼得也休息片刻。往往是酒杯一端起來，小彼得父親──老沙皇阿列克謝──東征西伐的戰爭故事就開講。就這樣，老文書無意間完成了一項最成功的教育。終於，某一天，小彼得聽完父王征戰故事後叫嚷起來：我要玩打仗的遊戲！雖然索菲婭不斷削減小彼得母子的生活費，但這點玩戰爭遊戲的錢還是有的。一張清單開列出來，各種小號的木製大炮、火槍、軍刀、矛鉞、手槍、佩劍，以及精製的軍旗、制服、頭盔迅速製備齊全。納塔莉婭皇后還讓人從侍從、貴族子弟中挑選出和小彼得年齡相近的孩子，組成遊戲兵。

　　歲月如梭。十四、五歲的時候，小彼得在駐地建立了一座兵營，把遊戲兵改編、擴建為兩個少年遊戲軍團。裝備也全部換成了真正的刀劍槍炮，並騎上了真正的戰馬。事實上，俄國近代史上最著名、最驍勇善戰的兩個軍團就這樣無意中誕生了。但在當時，彼得還沒有權力意識。在他的心目中，這兩個已經是真刀真槍的軍團仍然是他的遊戲兵。他經常和少年夥伴們到河中小島上構築小型堡壘和工事，汗流浹背的玩戰爭遊戲。

　　少年時代的彼得，還不成系統的接觸了一些算數、幾何、測量、炮術等方面的知識。他天生好學，一切新奇的東西都想弄明白。有人從國外帶來一臺測量地形的等高儀，他可以一連幾天研究原理、學習操作。當他發現一艘朽爛的木船時，就找來木匠學

修船。有了船，又找來水手學航海。懂得點航行技術，又幻想創建海軍。就這樣，天分、興趣、遊戲和那艘破木船，把彼得引向大海。也有人說，把彼得引向大海的是一個故事，那故事說「有一件寶物，人們可以憑著它遠涉人跡罕至之處。」總而言之，不管是那艘破木船還是那艘故事裡的木船，彼得最終通過船和海洋開創了俄羅斯歷史的新紀元。

十六歲時，彼得已經長成一個英俊魁梧的青年了。他身材高大，體魄強健，眼睛裡閃動著智慧與熱情，栗色長髮隨風飄動。來自遊戲軍團和上流社會兩方面的影響，使他形成粗魯豪放卻又有幾分高雅的氣質。稍有觀察力的人都意識到：年輕沙皇正在迅速成長，即將成年。他親自行使君王大權的時候不遠了！

但是彼得還沒有這種意識，

仍然沉浸在他的軍事遊戲中。此時，幾經改編、擴建、換裝，昔日的遊戲軍早已成為一支真正的軍隊。彼得還聘請了一批退役外國軍官充任教官，不斷演練著攻防奔襲甚至駕船海戰。沒有資料證實彼得此時已經萌生奪回大權的政治抱負，但由後來的歷史證明，這一切並非完全是遊戲。納塔莉婭皇后開始以憂心忡忡的目光注視自己的獨子，她不能理解彼得對軍事遊戲的迷戀。為了使兒子脫離少年習氣，她採取了母親們通行的辦法：安排兒子儘快成婚。1689年初，十七歲的彼得與葉芙朵吉婭・洛普希娜結婚。但是結婚並沒有使彼得「浪子回頭」，他一如既往的醉心於攻防演習與航行。婚後才一個月，彼得就扔下新婚的皇妃，跑去玩他的航海遊戲去了。

　　納塔莉婭不是一個政治型人

物，她看不出兒子的那些軍事遊戲可能蘊含的政治能量，但有一個人掂出了分量，他就是效忠於索菲婭公主的射擊軍新頭目費多爾。他不斷派出密探去監視遊戲軍，並多次提醒索菲婭：是下決心採取行動的時候了！但索菲婭的注意力正集中在處理對外戰爭上，另外，她也不大瞧得起那些遊戲。為了準確估計局勢，費多爾兩次親臨遊戲軍駐地觀察。他親眼所見的這支訓練有素、士氣高昂的軍隊使他深受震驚。他立即緊急覲見女攝政索菲婭公主，建議立即殺掉彼得，免除後患。索菲婭猶豫不決：這位同父異母弟弟畢竟是名正言順的沙皇，殺了如何向天下交代？

　　衝突無可避免的接踵而至。命運把彼得和索菲婭引向最後攤牌的局面。

　　1689 年 7 月 8 日，在一個按

照傳統只有男子才能參加的大型宗教儀式上，索菲婭公主不僅捧著十字架聖像站在大教堂的祭祀行列裡，居然還與兩位沙皇並排而立。彼得忍無可忍，要她趕快走開。索菲婭卻毫不理會，堅持顯示她與兩位沙皇平起平坐的權力與地位。彼得怒不可遏，在眾目睽睽下退出儀式，飛身上馬，揚長而去。

就在這個 7 月裡，姐弟倆再次公開反目。衝突來自於歡迎克里米亞遠征軍凱旋的盛大慶典。事實上，由索菲婭公主的老情夫戈利岑親王統率的這次遠征是大敗而歸。彼得不願參與這種騙人的慶祝活動，給索菲婭捧場。軍隊首領們到彼得的離宮普列奧勃拉任斯科耶村拜見，也沒有受到少年沙皇的接見。索菲婭認為自己的權威受到直接的挑釁。索菲婭公主位高權重，從來容不得任

何人違背她的旨意，更不允許誰向她提出挑戰。她不再觀望、猶豫，決心徹底解除彼得對她的威脅。她召來費多爾和射擊軍裡其他忠於自己的軍官，擬定了包圍離宮，解決遊戲軍，殺害彼得和納塔莉婭皇后的政變計畫。

　　克里姆林宮和郊區離宮之間的空氣已經十分緊張，局勢一觸即發。基本事實和歷史學家的大量研究都證明，彼得是被動的，缺乏政治謀略的。真正的權力狂和陰謀家確實是索菲婭。彼得雖然兩次在公眾場合挑戰索菲婭的權威，但並無任何後繼打算。他不滿索菲婭獨攬大權，但他及他的謀臣都沒有任何主動奪回皇權的方案，甚至也沒有任何防範意外的應急方案。索菲婭則嚴密監視著離宮的一舉一動，親自控制著政變的全部進程。在她眼裡，彼得的遊戲軍和她所掌握的射擊

軍相比實力懸殊，不堪一擊。彼得母子既無政治經驗，又無殺人勇氣，哪裡是她的對手！

7月終於平安無事過去了。8月7日深夜，克里姆林宮響起報警的鐘聲。有消息說彼得的遊戲軍發動政變，正在向克里姆林宮進發。射擊軍緊急動員，準備保衛克里姆林宮。兩名忠於彼得沙皇的射擊軍士兵快馬加鞭，連夜疾馳到彼得位於莫斯科郊區的離宮，十萬火急的報告：射擊軍政變，正在向離宮開進。

貼身近侍把彼得從睡夢中喚醒。在那瞬息之間，他腦海裡閃過了七年前射擊軍騷亂時所發生的種種殘暴——火堆、鮮血、瘋狂的士兵、黑洞洞的炮口、刀槍斧鉞、被肢解的屍體、挑在矛尖上的人頭……年方十七的彼得被嚇昏了頭。暗夜中有人已經備好了馬，彼得沒有通知母后、王妃

和近臣，沒有召喚他的遊戲軍，只來得及帶上三名近侍，飛馬出逃。後世有人苛責彼得當時逃命第一，其實，初涉政治的彼得憑直覺抓住了那個夜晚最重要的元素——時間。他的倉惶出逃引發了一系列意想不到的連鎖反應，使那些沒抓緊時間的政變老手歸於失敗。

經過長途疾馳，驚恐疲憊的彼得於翌日清晨來到謝爾基聖三一修道院。他痛哭流涕的向修道院長陳述了一切，並請求保護。數小時後，遊戲軍以及一個擁護彼得的射擊軍團也趕到修道院護駕。這個圍牆堅固的宗教聖地，立即成了和克里姆林宮對峙的權力中心。

陰謀事件中，總會有一些細節永遠成為歷史的不解之謎：當聖三一修道院已經成為軍隊雲集的堡壘那天，8月8日，射擊軍

並沒有向離宮進軍。更加令人不解的是，索菲婭與情夫兼射擊軍頭目費多爾居然外出朝聖。總而言之，又過了一天，直到8月9日克里姆林宮才獲悉彼得出逃的消息。事情發展到這種地步，臉已經拉破，牌已經攤開。陰謀開始敗露，突然襲擊已不可能。費多爾還佯裝鎮靜，說：「簡直是胡鬧，願意跑就讓他跑去吧！」索菲婭則向弟弟伸出和解的橄欖枝。她派大主教到聖三一修道院去疏通，結果大主教投向彼得，一去不返。她親自動身去見弟弟，但半途接到彼得讓她立即返回的命令。

　　現在，索菲婭陷入進退兩難的困境。彼得在遊戲軍護衛下，完全擺脫了她的控制。政變失去先機，和解無從著手。就在索菲婭無計可施的半個月裡，射擊軍竟逐漸倒戈，陸續開往聖三一修

道院，向年輕的彼得沙皇宣誓效忠。雖然索菲婭花了很多心思籠絡射擊軍，但射擊軍畢竟是沙皇一手組建的，「效忠皇權，保衛沙皇」仍然是大多數射擊軍內心深處的選擇。在這場沙皇和女攝政之間的權力鬥爭中，射擊軍最後還是選擇了沙皇。莫斯科的軍營幾乎走空了。最後，就連兩個外國軍團也應召開拔到聖三一修道院。

這場篡奪皇權的政變完全破產，命運的天平徹底傾向彼得。

為了保住自己，索菲婭只好按照射擊軍的要求，交出自己的情夫——射擊軍首領費多爾。彼得給哥哥伊凡寫了一封信，通報了索菲婭等人的罪行，宣布了親政的決心。在射擊軍的嚴刑拷打下，陰謀家費多爾供認了密謀的全部細節，隨即被判處死刑。彼得還把索菲婭公主的另一位情夫

——陰謀家戈利岑親王——流放到遙遠的北方。最後，他宣布了對索菲婭公主的判決：茲命令索菲婭‧阿列克謝耶芙娜遷往新聖母修道院，無朕之命不得越院門一步。

這次事變把彼得推上了至高無上的權力寶座。雖然仍然是雙沙皇制，但伊凡沉痾纏身，無力過問政事，彼得成了事實上的第一沙皇。從此之後，彼得用自己的理想、氣魄和個性給俄羅斯歷史打上了永恆的印跡。

放大鏡

＊關於和解的橄欖枝　在《聖經‧創世紀》中有挪亞建造方舟以躲避大洪水的故事。當人類所思所想所為都充滿罪惡與敗壞時，神決定連續降雨除滅一切生命，但因為挪亞是位義人，神便吩咐他建造方舟並帶領妻兒及部分動物進入方舟，以保全生命。降雨停止後，挪亞從方舟上放出鴿子，想知道水退了沒，「到了晚上，鴿子回到他那裡，嘴裡叼著一個新擰下來的橄欖葉子，挪亞就知道地上的水退了」(8:11)。於是，後世的人便以鴿子或橄欖枝作為和平信息的象徵。

3 走向歐洲走向海洋

　　青春期的彼得，繼續保持著他對軍事演習、造船航海的特殊愛好。除了會見外國使節，出席貴族議會，所有的時間都耗費在這些看似與沙皇身分無關的「玩鬧」上。後來的歷史證明，這正是青年沙皇最需要的學業。他不分貴賤，接觸社會各色人等。他請教學習的人物形形色色，包括水手、軍官、造船匠、木工、鐵匠、建築師、泥瓦匠、畫家、教員、醫生、商人、天文學家、音樂家、藥劑師等等。熱愛學習確實是彼得天性中最重要的本質，他幾乎對一切知識和技能懷有強烈興趣，他見一行愛一行，愛一行學一行。後來，當他功成名就時還常常對人誇口，說自己一生學會了十四種技藝。

彼得也是一個質樸的人。他很少擺起惟我獨尊的架子，始終保持著俄羅斯人的單純與率真。這種特質再加上青春期的騷動，導致彼得有時濫交朋友、酗酒縱欲，甚至創下聚眾數百狂飲三天三夜的紀錄。他不顧身分的與人罵街、毆鬥、嫖娼，對母親和妻子的規勸置若罔聞。他克制不住自己，他是無人能約束的君王。他隨心所欲，覺得自己是天底下最無拘無束的人，如果他被一艘乘風破浪的航船所吸引，就馬上召來造船匠，自己當小工，拉鋸揮斧造新船。他迷上了戰艦，就馬上派人去荷蘭訂購造價不菲的三桅戰艦。荷蘭戰艦未到，他就心血來潮的率領不宜航海的平底船隊駛進大海。風暴襲來，他又能親自掌舵，引導船隊脫離滅頂之災。有資料證實，他最過頭的「玩鬧」是組織萬人搏鬥：上萬

人手持真刀真槍廝殺不休，血流滿地，傷亡過百。

就這樣，彼得玩鬧著、學習著漸漸長大成人。1693 年至 1694 年，便被稱為彼得狂戀航海的年頭。在種種與戰艦和大海有關的勞作與遊戲中，俄羅斯與海洋的關係成為他思考的主題。

讓我們以簡短的篇幅介紹一下海洋對於俄國的意義。

俄羅斯雖然有很漫長的海岸線，但只有一個位於白海岸邊的港口。這唯一的海上門戶，不僅遠離經濟文化發達地區，而且一年中有九個月封凍，無法航行。南部黑海沿岸為土耳其及克里米亞韃靼所有，轟伯河與頓河的入海口都在土耳其手中，原屬俄國的芬蘭灣還被瑞典奪去，尚未收復。一個優良的出海口，將引導俄國走出閉關自守的孤立狀態，引進西歐先進的機器、科技、思

想和制度。17世紀的俄羅斯還處於農奴制階段，還是一個落後國家，獲取一個良港，對俄羅斯來說就意味著改革、富強。因此，一個通往西歐通往世界的港口，成為彼得親政後第一個偉大的夢想。他苦苦思索著這個問題，最後決定首先衝向南部海域，奪取當時土耳其控制的海港城市——亞速。

1695年，彼得率領十五萬的俄軍進軍亞速。自以為在軍事遊戲中已經懂得戰爭的彼得信心十足，卻不料圍城半年屢攻不克。冬天到來，俄軍只好無功而返。初戰失利，彼得把自己關在一條遊艇上「閉門思過」。他認為這次遠征主要是敗在沒有海軍，當土耳其人用艦隊從海上增援時，俄軍完全束手無策。

1696年1月底，並列沙皇的伊凡病逝。彼得在安葬了哥哥之

後，於 2 月時，到了沃羅涅什造船廠，去實現他創建海軍的偉大計畫。他用強硬的手腕逼迫農奴主、貴族以及教會捐獻出建造第一支艦隊的錢物，又強行徵調了三萬民工和幾千名木匠。而他自己，不僅是沙皇、監工，甚至手持利斧，親自參加勞動。不到半年的時間，擁有十八艘戰艦和一千三百艘平底木船的艦隊下水成軍。性急的彼得立即指揮陸海兩路人馬，再次進軍亞速。在真刀真槍的戰鬥中，彼得不僅是決策者，還始終堅守「第一炮手」的位置，從軍艦上、炮兵陣地上向亞速要塞猛烈轟擊。妹妹納塔莉婭聽到消息後，責問他為何不顧安全，走進敵軍炮火射程？彼得在回信中開玩笑的回答說，他並沒有迎向子彈，而是子彈向他飛過來。 1696 年 7 月，在俄國的第一支艦隊下水後僅僅兩個多月，

俄軍打敗了土耳其守軍，占領了亞速要塞。

二十四歲的彼得沙皇邁出了他一生偉業的第一步。

但在盛大的凱旋儀式上，彼得把主角之位讓給軍隊的首領，自己卻身穿一套黑色德國軍服，頭戴一頂插著白翎的帽子走在海軍上將的身邊。莫斯科的臣民都看見了，他的肩上還扛了一支士兵的長矛。

勝利的慶典令人陶醉，但經歷了戰爭磨練的彼得已經明白，亞速大捷不過是俄國走向海洋的開始，爭取黑海的出海口，爭取海峽的使用權，前面尚有更為艱難的征戰。海軍需要有熟知艦船海洋的大批軍官，造船廠又需要各類技工專家，人才極為缺乏。彼得決心向外國學習。他頒詔派遣五十名貴族出國留學，自付經費，沒有畢業證書不准回國。緊

接著，他又組織高級使團出訪歐洲主要國家。除外交任務之外，沙皇還指定了多項其他使命，如雇用海員、船長、造船專家，購置大炮、槍枝和儀器等等。這個使團非常龐大，僅雪橇就有上千輛。

為了便於考察學習，沙皇化裝成一名隨團服務的下士，化名「彼得‧米哈伊洛夫」。彼得嚴令任何人不得暴露他的身分，違者處死。不僅寫給他的信要用化名，信裡也不准使用尊稱沙皇的種種敬詞。為了在與國內的通信中證明自己身分，他還特製了一枚玉璽，圖案是木匠和工具，文字是「我的身分是學生，我需要老師的教導。」1697 年 3 月的一個早春的日子，「下士彼得‧米哈伊洛夫」率領著使團，離開莫斯科，冒著大雨走上通往西歐的泥濘道路。

　　一路上，彼得抓緊各種機會學習。途經波羅的海邊上的重要城市里加，他實地觀測地形，測量城牆和堡壘。他看見壯闊的波羅的海，決定和使團分道，自己乘船走海路，領略俄國海軍將要征服的波羅的海的洶湧波濤。上岸時，走陸路的大隊人馬尚未到達。他便利用時間，向當地一位精通炮術的上校學操作炮。使團到達時，「下士彼得」已經獲得了一張結業證書。老炮手寫道：「我友好的恭請各位，無論職務高低，都要把這位持有彼得·米哈伊洛夫證書的人視為技術全面且專業精通的熟練炮手。」

　　在當時歐洲的造船業中心荷蘭的薩爾丹城時，彼得從日程表中爭取到一週的學習時間。他急匆匆的從一個老婦那裡購買了一套舊木工工具，換上當地人的厚絨布短上衣和粗麻布燈籠褲，混

在工人群裡去參觀造船廠、木材廠。這次，他沒能隱瞞住身分：彼得個子高大，到過莫斯科的荷蘭人很快就把他認出來了。這一次，俄國沙皇的一舉一動都處於人們的好奇目光之下。甚至還有一些為了一飽眼福專程從外地趕來的人，饒有興趣的觀察青年沙皇如何熟練的駕駛快艇，打製石磨，砍削木料。

在荷蘭學習造船術的期間，彼得住在一位鐵匠的家裡，自己做飯、鋪床。他每天按時上班，身穿工匠服裝，頭戴錐形氈帽，手持斧鑿鋸刨在造船工地幹活。對師傅吆來喝去的指使，他毫無怨言，眼快手勤。工餘時間則四處閒逛，參觀鋸木廠、製繩廠、風車磨坊、精密工具車間。每到一處，他都要掏出筆記本詳細記錄。一位同時代的荷蘭人寫道：「他處處都表現出不尋常的求知

欲，他經常尋訪那些知識淵博的人，不恥下問。他具有敏銳的觀察力，不同於一般人的理解能力及非同尋常的記憶力。對於他熟練的技巧，不少人嘆為觀止；有時他甚至超過那些較有經驗的工匠。據說，有一次，他到了一家造紙廠，參觀了他感興趣的所有地方之後，從工匠手裡拿過來一個舀紙漿的模子，用它舀起做樣品的紙漿，任何人都沒有像他做得那樣在行。」

在荷蘭，彼得和那些學習造船的俄國青年親手建造了一艘三桅巡洋艦。這些特殊的留學生都獲得了評價優異的結業證書。這艘命名為「彼得—保羅號」的戰艦並非學生拿來應付老師的「作業」，它曾多次往返於歐洲與東印度，經受了海洋的嚴峻考驗。

在技藝高超的荷蘭造船師保羅師傅指導下，彼得學會了「一

個好木工應該知道的一切」。彼得原本還想繼續深造，但因保羅和其他造船專家不懂得系統的船舶理論而作罷。到英國後，彼得想成為一名造船工程師，可惜未能如願。但是，彼得還是把在英國的四個月時間大部分用來研究造船業。除此之外，他還參觀了牛津大學、格林威治天文臺、鑄幣廠、鐘錶作坊以及倫敦的多種企業。每到一處，他都會反覆盤算如何把這些先進的科技引進俄國。彼得還觀摩了正在開會的議會，並與宗教界代表會談——他腦海裡已經開始醞釀俄國的政治與宗教改革。

剃鬚令與
剷除射擊軍

　　1698 年 8 月 25 日，周遊列國一一年半之後，沙皇悄然返回京都莫斯科。

　　第二天，消息傳出，宮廷貴族們都趕到普列奧勃拉任斯科耶村行宮覲見沙皇，祝賀他平安返國。沙皇興致勃勃的講述在國外遇到的種種奇聞逸事，正談笑風生之際，彼得突然盯住大元帥夏諾的大鬍子，命人拿來一把大剪子，揪住那氣派的大鬍子一刀剪了下來。接著，沙皇依次剪掉其他貴族的鬍子，沙皇密友大公爵羅莫達諾夫斯基那一把「凱撒」式的大鬍子也未能倖免。貴族們面面相覷，莫名其妙。

　　原來，俄國人大多是東正教信徒，而東正教信徒都要留一把大鬍子，因為教會認為，鬍鬚是

「上帝賜予的飾物」，是俄羅斯人自豪的標誌，剪去大鬍子就使人近似於只長兩撇小鬍鬚的貓和狗。這是魔鬼的習性，是不可原諒的大罪。因為這樣，男人都要蓄鬚，還要天天梳理，精心的保護，務使其一根也不脫落。五天後，在一次盛大的宴會上，長鬚再次受到沙皇的突然襲擊。這一次操刀的不是沙皇，而是他的侍從。面對哭笑不得的貴族們，沙皇神色肅然的說:「朕目睹各國衣食住行，深感俄國人的鬍鬚是無謂的負擔。」

　　不久後，經沙皇諭旨，國家貴族議會頒發正式法令：剪除長鬚是全體俄國民眾之義務，除神職人員之外禁止蓄鬚。執意留鬚者必須按照其社會地位繳納鬍鬚稅：貴族與富商每年一百盧布，官吏與領主每年六十盧布，其他居民每年三十盧布，農民留鬚，

每次進出城門則要交付一個戈比（百分之一盧布）。

「剃鬚令」遭到從貴族到農民幾乎全體俄國人的一致反對。然而，正是這一道看似荒誕不經的「剃鬚令」，開啟了俄國近代史上最偉大的改革。

莫斯科還沉浸在沙皇歸國後的歡樂氣氛中，彼得已經開始著手整肅射擊軍。

對沙皇來說，能否徹底剷除種種政變陰謀，實在是生死攸關的事情。射擊軍之殘忍、驕橫，彼得在十歲那年就已經充分領略了。那次武裝逼宮事件中各種鮮血淋漓的場面，成為少年沙皇難以忘懷的政治啟蒙。

數年之後，射擊軍再次密謀反叛，準備殺害整個皇室。那一次情況緊急，嚇得索菲婭公主帶著兩位小沙皇逃到遠離莫斯科的地方。後來，索菲婭公主調來強

大的正規軍，砍掉了一批密謀者的頭，才把叛亂鎮壓下去。

再一次是發生在彼得出國前夕，一位認為不得沙皇信任因而仕途無望的射擊軍頭目，聯絡了幾個心懷不滿的貴族、近臣和領主陰謀弒君。他們不但將細節擬定了，連兇手也安排妥當了，後因事跡敗露而遭逮捕。彼得親自參與審訊，主謀者處以極刑，砍下的頭顱被插在木撅子上示眾。

再一年後，就在彼得周遊列國時，桀驁不馴的射擊軍再次發生騷亂。彼得放棄了原定計畫，帶領三十名騎兵趕赴莫斯科緊急平叛。除了吃飯、換馬之外，這支小隊伍片刻不停，急如星火。四天四夜的狂奔，就連體格強健的彼得都累垮了。在波蘭的克拉科夫城，他們只好停下來休息一天。也就在這個時候，他們才接到飛馬傳來的最新消息：騷亂已

被平息。然而，那種不舍晝夜騎馬狂奔的感覺，卻會永遠刻在青年君王的心上。

射擊軍名為御林軍，享受著很高的榮譽和特權，但在彼得的心裡早與匪盜無異。

人們向剛回莫斯科的沙皇詳細稟報最近這次射擊軍的騷動，結果他知道的愈多就愈加不滿。最叫他冒火的是，首要分子已被匆匆處死，使陰謀的背景難以揭破。在一次宴會上，彼得怒氣衝天的咒罵大元帥舍英，並拔出佩劍，一面用劍拍桌子，一面大叫道：「我要砸碎你的團隊，扒下你的皮，說到做到！」在場的親信們過去勸解，請沙皇息怒。但盛怒中的沙皇舉劍就打，至少有三位近臣被打，其中一人還被劍鋒劃傷。後來，人們才猜出沙皇發怒的真實原因並非舍英以權謀私，而是他過早處死了知情的罪魁禍

首。

　　彼得決定重新審訊，並親自參與。 1698 年 9 月 17 日，大審訊開場。這一天是索菲婭公主的父名節。這不僅暗示著索菲婭是這次射擊軍叛變的陰謀策劃者，還要讓索菲婭和整個俄國都明白沙皇對自己頭號政敵的深仇大恨。廣場上燃起三十個火堆，日夜不熄。被審訊的射擊軍，每一百三十人為一組，根據招供程度，分別遭受到鞭打、烙烤、老虎鉗等酷刑，刑訊現場一片哀嚎之聲。審訊者們雖然沒拿到索菲婭指使叛變的直接證據，但最重要的罪犯們都供稱索菲婭確實派人給射擊軍送過信。

　　第二輪審訊開始。沙皇一心想得到索菲婭的信件，為此，重要犯人的家屬和兩位同父異母姐姐索菲婭與瑪爾法周圍的侍從都遭到嚴刑拷打。刑訊處彌漫著煙

火味、皮肉焦糊味和受刑者的慘叫。除了有人供出信件內容，信件本身仍然毫無下落。彼得帶上招供的兩名犯人和他們的口供紀錄來到新聖母修道院，打算親自審訊索菲婭。

從 1689 年事變算起，索菲婭被幽禁在修道院已經有九年之久了。有傳記作家寫道：索菲婭見到已長成英俊青年、氣宇軒昂的弟弟，充滿敵意的心頭，一定會掠過一絲莫名的自豪感──這種想像恐怕是準確的。

索菲婭並不是白雪公主童話中的老妖婆，她也同樣被西方文明所吸引，也同樣希望引導古老的俄羅斯走向興旺發達，並在她攝政時期已經開始推行一系列改革。這一雙姐弟的糾葛是最高權力之爭。在民主制度確立之前，這種最高權力之爭都是十分殘酷的，無分中外古今。血緣之情被

殘酷現實壓倒，姐弟相見只有殺氣騰騰、唇槍舌劍。不論出示口供還是押來證人對質，索菲婭都矢口否認。彼得沒有掌握那封至關重要的信件，又不好對索菲婭刑訊逼供，只好去審訊另一位與索菲婭過從甚密的同父異母姐姐瑪爾法。對於充當索菲婭與射擊軍之間傳信人的指控，瑪爾法公主也斷然否認。此時的彼得無計可施了，「索菲婭信件」遂成為歷史之謎。與許多皇權爭奪戰相比，彼得至少守住了一條底線：沒讓至親骨肉流血。

彼得面部肌肉抽搐的離開了新聖母修道院，把怒氣發洩到那些騷亂者身上。

第二批犯人分別被送上斷頭臺和絞刑架，有人被四馬分屍。有許多士兵被吊死在插在白城碉堡槍眼裡的圓木上。白城是環繞克里姆林宮的衛城，那些高高吊

起的屍體把恐怖傳向了四方。在
1698 年 9 、 10月份，計有七百九
十九名射擊軍官兵被處死，半數
以上未經預審。二十歲以下的年
輕士兵得以倖免，但被流放到遠
方。沙皇曾親自動手砍下叛亂者
頭顱。他看見近臣們有難以下手
的猶豫時，流露出不滿之情。根
據當時目擊的外國人記述，在刑
訊和處決現場，彼得表面上若無
其事，但其「內心的惴惴不安之
情時而溢於言表」。

首都長時間沉浸在血腥氣氛
中，被殘酷處死的屍體在五個月
內都沒有收拾乾淨。

三個士兵被吊死在索菲婭公
主的窗前。屍體有節奏的隨風擺
動。死者的手裡攢著信紙，暗喻
那封據說由女乞丐傳遞的挑動暴
亂的神秘信件。

五個月後，沙皇再次下令要
對在押的射擊軍暴動分子審訊判

決。又有四百餘人被判處鞭笞、烙印、流放以及絞刑。彼得以極其殘酷的手段殲滅了多次捲入最高權力爭奪的射擊軍，消除了肘腋之患。他還頒布敕令，解散射擊軍這支舊式軍隊，為建立近代正規軍掃清了道路。

5 從第一次戰敗到創建彼得堡

　　當時，在俄國通往海洋的道路上有兩大強敵，一個是南面的土耳其，一個是西面的瑞典。以俄國之國力，不可能同時對這兩大鄰國開戰。因此，彼得的策略是希望聯合幾個歐洲國家打擊土耳其。由於國際局勢變化，土耳其已經不被各國重視，大肆擴張的瑞典開始成為眾矢之的。瑞典經過和鄰近國家的一系列戰爭，侵占了大片土地，控制了整個波羅的海，已經躋身歐洲強國的行列了。出訪歐洲期間，彼得已經和波蘭建立了反瑞同盟，歸國後又與波蘭和丹麥祕密締結了「北方同盟」條約，約定三國聯合抗擊瑞典；波蘭、丹麥先行投入戰爭，而俄國一俟與土耳其締結和約後，也將立即參戰。

　　沙皇嚴令特使不惜一切代價盡快同土耳其簽訂和約，他絕不願意進入兩線作戰的困境。彼得對專程前來敦促俄國儘快參戰的波蘭國王特使說:「假如我今天得到媾和的消息，明天就對瑞典出兵。」1700 年 8 月 8 日，彼得終於收到盼望已久的特急報告：俄土和約已正式簽訂。次日，彼得下達出征令。十萬大軍向西進發，一萬輛滿載糧食、彈藥、物資的大車和炮車組成的輜重隊蜿蜒十多公里之長。按照前例，沙皇本人以普通軍人身分編入部隊，軍階為炮兵上尉。

　　途中，一個令人震驚的消息傳到了軍營:丹麥戰敗，宣布退出俄國波蘭丹麥結成的「北方同盟」。沙皇謹守同盟諾言，繼續率軍西行。

　　彼得把初戰的目標定為被瑞典占領的納爾瓦。他十分輕敵，

瞧不起比自己小十歲的瑞典王查理十二世。他認為瑞典王正忙於處理戰勝丹麥的後事，來不及揮師納爾瓦。至於納爾瓦城本身，只要一頓猛轟，守軍就會投降。

不料連續炮轟兩週，納爾瓦歸然不動。正僵持不下之際，查理十二以出人意料的神速率軍抵達城下。就在會戰前夜，彼得把俄軍的指揮權移交給剛雇來為俄國服役的德國將軍，然後離開了前線。在很大程度上，此舉導致了俄軍的失敗。

對於彼得的這一行為，歷史學家們爭執不下。有人認為是彼得怯陣，但在亞速之戰和納爾瓦初戰之後的一連串戰爭中，他一概身先士卒，出生入死，怯陣之說難以成立。有人認為，彼得主要是急著去會見波蘭國王，但戰事迫近，沒有任何事情比立即取得初戰大捷更為重要。最接近事

實的原因可能是輕敵：彼得認為俄軍人數是瑞軍的許多倍，而且查理十二遠道而來，俄軍可以以逸待勞。

　　指揮風格強悍的查理十二一天也不修整，在第二天就趁雪突襲。俄軍漫長的築壘工事被切斷後，頓時亂作一團。彼得不在軍中，指揮權落到德國人手上，又造成軍心動搖。不少士兵亂叫亂喊:「德國人背叛了我們……」除了自幼與彼得一起玩戰爭遊戲的兩個近衛軍團和舍列麥捷夫團始終頑強抵抗，其他部分則潰不成軍。納爾瓦會戰的結果是，俄軍大敗，傷亡逾萬。炮兵連同一百三十五門各種口徑的大炮損失殆盡，高級軍官幾乎無一生還。

　　這是一場兵力懸殊時不應有的失敗。俄國在歐洲的威望一落千丈。年輕氣盛的瑞典王還想出一個花樣來奚落俄國沙皇：他命

人特製了一枚徽章，一面是彼得站在向納爾瓦射擊的大炮旁邊，題詞為「彼得站著取暖」；另一面是正在逃跑的沙皇，題詞是一句福音書引文:「走出去後，他悲傷的哭了。」

納爾瓦會戰是正在興起的俄羅斯所遭遇的第一次重大失敗，它暴露出國家之落後和軍隊戰鬥力之低下。當查理十二還在拿對手開心時，彼得已總結了教訓，準備再戰了。他不是那種可以輕易打倒的人，恰恰相反，逆境反倒激發了他不屈的意志。

正好此時傳來消息：瑞典王沒有趁勝追擊，而是轉而打擊波蘭。這無疑給了俄國一個醫治創傷的機會。彼得趕去與波蘭國王會晤，答應從人、財、物等各方面給予毫不吝惜的支援，希望波蘭拖住瑞典軍隊，使俄國獲得重整軍備的寶貴時間。

　　彼得頒布詔令，動員全國臣民支援戰爭。不但增加稅收，籌集軍費，更著手徵集新兵。納爾瓦一戰，俄國炮兵全軍覆沒。彼得從全國教堂和修道院中徵用四分之一的銅鐘用於鑄炮，又創建「航海學校」，培養海軍、炮兵和工程兵等各種專門軍事人才。除此，他還派人祕密從國外購進大量先進的槍炮裝備。

　　彼得不倦的奔走籌劃，就像信使一樣不分晝夜，不分陰晴，不分季節。只是在換馬時，他才小憩片刻。一輛馬車或一乘雪橇就是他日常生活之全部。

　　經過將近一年的積極備戰，彼得沙皇決定趁瑞典王陷在波蘭戰場上的機會，再次發起攻擊。

　　1702年初，俄軍旗開得勝。舍列麥捷夫率領的軍隊一舉殲滅瑞典軍七千人。「我們終於把瑞典人打敗啦！」捷報傳來，彼得喜出望

外的發出歡呼。他親自主持慶祝儀式，並鳴放禮炮和煙火。秋天時，彼得親率俄軍主力攻擊涅瓦河河口的諾特堡。圍攻半個月之後，瑞典守軍攜帶著一百四十二門大炮宣布投降。關於這次戰事中自己的行動，彼得隻字未提。只有舍列麥捷夫元帥在行軍日記中略有記錄：沙皇冒著敵人的猛烈炮火，「只帶了幾個士兵直追下涅瓦河岸」。

沙皇率親隨登上要塞，久久眺望通往大海的涅瓦河口。在這裡，他宣布：從今以後諾特堡改名為施利塞里堡（意為鑰匙），「朕要用這把鑰匙為俄國打開通向大海之門！」

奪取出海口的戰鬥遠遠尚未結束。1703年春，俄軍攻占涅瓦河口的甯尚茨堡。三天以後，在甯尚茨堡附近和敵人艦隊首次遭遇。瑞典海軍的一支分艦隊不知

道宵尚茨堡已經失守，毫無警惕的駛進了涅瓦河口。關於這次戰鬥，彼得在致友人信中有如下描述：

　　5 月 5 日，敵人軍艦駛進河口；我方元帥派遣我們分乘三十艘小船前去迎戰。我們仔細的觀察敵情，對敵軍發起意外偷襲，繳獲三桅巡洋艦兩艘，以及裝備有十門大炮的「海丹號」，與裝備八門大炮的「阿斯特里爾號」。敵人幾乎全軍覆沒⋯⋯

　　在對宵尚茨堡戰鬥的記述當中，沙皇的表現可說是十分的謙遜。他從不提及自己作為最高統帥的作用，凡事皆稱「我們」、「我們的軍隊」。事實上，宵尚茨堡的戰鬥，不僅決心是沙皇下的，具體行動方案也是由他決定

的：三十隻小艇分成兩組，一組由他親自指揮，從涅瓦河上游順流而下發起突襲；另一組由驍勇的緬希科夫指揮，負責切斷瑞典人通向大海的退路。彼得還在信中自謙的寫道，儘管他們不能和元帥、海軍上將相提並論，但他和緬希科夫也獲得了級別很高的聖安德列斯騎士勳章。

在俄國崛起的歷史進程中，甯尚茨堡戰鬥算不上具有全面性的重大軍事勝利。但在當時卻教彼得樂不可支。說起來，這應該算是第一次海戰。初建的海軍駕著簡陋的內河船隻去攻擊遠洋軍艦，並獲得全勝，這種大無畏的精神，成為俄國海軍光榮戰鬥傳統的第一塊基石。彼得稱這次勝利為「史無前例的大捷」，甚至敕令國家檔案館為此建立專門研究機構。為紀念海軍初戰告捷，彼得下令鑄造銅質獎章，上面的

題詞就是「史無前例」。

占領甯尚茨堡之後，整個涅瓦河流域盡入俄軍之手。彼得明白，瑞典王絕不會善罷甘休，不用多久他們就會捲土重來。走向大海之路已經開通，現在的問題是能否永遠守住？彼得雖然很喜歡甯尚茨堡，但覺得還是離海稍遠，不能有效抗禦從海上入侵之艦隊。

1703 年 5 月的一天，在涅瓦河口附近的兔子島上，彼得從身旁士兵那裡抽出一把刺刀，在一片蠻荒的沼澤地中，劃下一個深深的十字，並預言這裡將崛起一座偉大的城市。所有的人都以為他瘋了。

5 月 27 日，東正教的聖靈降臨節，彼得親自為這座未來的城市奠基。大批士兵被調來施工建造，一座六角形的木頭城堡很快建成，城堡邊上，士兵們還為沙

皇建了一幢保存至今的小木屋。沙皇當即以自己的名字把這座未來的大城命名為「彼得堡」。他還把自己最信任的近臣緬希科夫任命為第一任彼得堡省省督，加強彼得堡的建設。不久後，彼得萌生了將彼得堡改為國家首都的念頭。

攻占甯尚茨堡十年後，1713年，俄國宮廷、樞密院和外交使團開始遷往彼得堡。雖然始終沒有頒布過宣布彼得堡為新都的官方命令，但是，這座臨海沼澤地上草創的城市將逐漸取代古都莫斯科，成為俄羅斯帝國的心臟。

彼得為什麼要放棄處於國家地理中心且歷史悠久的莫斯科，而把首都遷到蠻荒的邊陲之地去呢？其個人原因是對莫斯科和克里姆林宮不存好感，認為莫斯科既是血腥權力爭奪的戰場，也是守舊勢力的堡壘。當然，最根本

的考慮是彼得堡面對大海，面對先進的西歐，面對著俄羅斯崛起的光輝前途。

懷著對俄羅斯未來的祝福，彼得把建設中的彼得堡稱為「天堂」與「樂園」。有一次，彼得在種橡樹時，發現有人微微的一笑。他氣忿的說：「我明白，你認為我活不過這株茂盛的橡樹。這是事實，可你真是個笨蛋！我為的是我們後代有建造軍艦的優質木材。我種樹想到的不是自己，我想的是為千秋萬代造福！」

彼得堡寄託了沙皇的無限期望，他曾滿含感情的預言道：「倘若天假我以年，彼得堡將會變成另一個阿姆斯特丹！」

彼得堡很快就超過了當時歐洲偉大的城市阿姆斯特丹。

在彼得逝世後約一百年，偉大的俄羅斯詩人普希金就曾深情的寫道：「我愛你，彼得興建的大

城，我愛你嚴肅整齊的面容，涅瓦河的水流多麼莊嚴，大理石鋪在它的兩岸……」

日月如梭。從彼得為彼得堡奠基算起，時間已經過了三百多年。彼得堡歷盡歲月風霜，依然雄偉聳立。其間無數次的改朝換代，彼得堡始終保持著彼得沙皇所賜予她的名字。僅有一次的例外，是共產革命後易名為列寧格勒。歷史如此公正：當人民獲得表達的自由後，立即恢復了她光榮的名字——聖彼得堡。

2003 年 5 月，全世界的眼睛被涅瓦河畔的禮花所照亮。俄羅斯人舉行了慶祝聖彼得堡建城三百週年世界狂歡節。來自全世界的人們都被俄羅斯人的激情所感染，每日從清晨到午夜有近百項活動，整個慶典持續將近十天。人們感覺那位英姿勃發、充滿幻想的偉大君王還活在他們之間。

6 偉大的轉折

——林村大捷

　　納爾瓦會戰後，俄軍和瑞軍有過數次較量，互有勝敗。查理十二率領瑞軍主力在波蘭東征西伐，無力兼顧側面的俄國。1706年，在瑞典王贏得了對波蘭的戰爭後，開始考慮征服俄羅斯。

　　當時的瑞典是歐洲強權，經濟發達，軍力強盛，無人可以匹敵。從俄國的角度考慮，彼得不過是想掃清通往大海之路，並無與瑞典爭奪歐洲霸權的野心與可能。沙皇十分清醒，查理十二戰勝波蘭之後會再度揮師東進，俄國將面臨十分嚴峻的考驗。

　　於是，彼得不顧一切的徵用全國之人力物力，甚至把百分之九十的國家財政收入用於擴軍備戰。同時，他不斷派遣特使遊說歐洲各國宮廷顯要，甚至不惜重

金賄賂，策動各國出面促成俄國與瑞典的和談。

彼得的要求很簡單，僅僅是保住彼得堡等俄國在波羅的海沿岸已占領的土地，為此，他願意付出昂貴的經濟代價。瑞典王的要求更簡單：俄國退出波羅的海沿岸，否則就攻占莫斯科。

查理十二的態度，使各國君主再也不敢居中調停。而查理十二，這位年輕氣盛的君王，則整天做白日夢，盤算著如何打進莫斯科，如何把俄國分為若干個小國，甚至還預先封官許願，答應把莫斯科省總督的肥缺賞賜給身邊的一位將軍。

俄國與瑞典之間的決戰已不可避免。

彼得對瑞典強大的經濟和軍事實力有充分認識，不抱任何幻想。他嚴令加強莫斯科城防，並留下遺囑。

這一時期，俄軍總數有十萬人，查理十二當時的人馬是六萬三千。俄軍雖占數量優勢，但戰鬥素質遠遜於對手。瑞典軍隊是當時歐洲的勁旅，訓練有素，久戰沙場。這支軍隊最可怕的是擁有百戰百勝的信心，堅信自己的統帥所向披靡。士氣如此高昂的軍隊，的確能夠以一當十。查理十二還有一個優勢，即掌握戰爭主動權，進退自如，俄軍則完全處於被動狀態。彼得認為，瞭解敵軍動向「是戰爭中最主要的東西」，但這個「最主要的東西」卻讓他很難掌握。

1708 年初，查理十二掌握著戰爭的主動權，輕而易舉的打了幾個勝仗。而猜不透查理意圖的彼得，則嚴令俄軍將領們保存實力，大步後撤。在撤退途中，俄軍銷毀了運不走的糧草，趕走了騾馬牲口。這種堅壁清野的策略

漸漸開始生效：敵軍無法從占領區補充軍需物資，全憑後方長途運輸，大大降低了行軍速度。

彼得又命令驍勇善戰的哥薩克騎兵，以小股隊伍沿途騷擾，使瑞典人疲憊不堪。面對屢戰屢敗但絕不屈服的俄國軍隊，查理十二決心繼續東進，不打到莫斯科誓不罷休。

經過艱難的長途行軍，瑞軍抵達戈洛夫奇諾。在這裡，查理十二取得了他東征俄國的最後一次勝利。俄軍繼續退卻，損失輕微；反觀瑞軍卻損失慘重，元氣大傷。此役之後，一向富於冒險精神的查理十二情緒低落，一蹶不振。

隨後，在善村戰鬥中瑞軍再次受挫，俄軍以三百人的代價殲滅三千瑞軍。在接下來的拉耶夫基鎮騎兵大戰中，查理十二率騎兵進攻，不料遭到慘敗。他的戰

馬被打死，自己也險些被生擒。彼得親自參加了這次戰鬥，與查理相當接近，已經能看清對方的臉部輪廓。

到此為止，敵對雙方都沒有重大失誤。但是從拉耶夫基戰鬥後，查理十二被迫放棄東進莫斯科的戰略計畫，掉頭向南疾走。這一決定，最後把瑞典人引向全軍覆沒的地步。俄軍的堅壁清野戰術使瑞軍飽受饑餓和疾病的折磨，繼續遠征莫斯科的目標顯然已不能實現，而南下攻占富庶的烏克蘭，休整部隊後再圖北上，亦非敗策。可惜的是，查理並沒有等候趕運糧草彈藥的輜重運輸部隊和援軍，反而把這支孤軍留給了沙皇彼得。

這支輜重運輸部隊，是由萊文豪普特將軍所率領，自里加出發後，早就在俄軍的監視之下，它的番號常常出現在沙皇的書信

和命令中。 1708 年 9 月 10 日，沙皇獲得了一條至關重要的情報：查理十二率領的瑞軍主力「已向烏克蘭方向移動」。一個重大戰機出現了：分割瑞軍，殲滅萊文豪普特！

彼得召開軍事會議，當機立斷：俄軍也分作兩部，舍列麥捷夫率領主力追蹤進軍烏克蘭的查理十二，一支可快速運動的小部隊由彼得率領，長途奔襲，攔擊萊文豪普特軍團。

沙皇帶領輕騎隊穿密林、過沼澤，戰勝了種種難以想像的困難，終於攔截住萊文豪普特了。 9 月 28 日，兩軍在林村遭遇，這支俄軍的出現，使萊文豪普特大感意外。林村戰鬥相當慘烈，沙皇晚年積極參加編寫的《北方大戰史》中提到一個細節：經過幾個小時苦戰，「雙方士兵均已精疲力竭，無法再戰，於是敵軍在

其輜重車旁圍坐，我軍則就地散坐；雙方各自休息若干時刻，此時兩軍相距僅及大炮射程之一半乃至更近。」兩小時後，雙方重新交火，一直打到天黑。

翌日清晨，俄軍發現瑞軍陣地已空無一人，原來，萊文豪普特已趁黑夜率殘部逃走。俄軍大捷。瑞軍丟棄在戰場上的有兩千輛大車和炮車組成的輜重車隊和數不清的糧草彈藥，以及八千具未掩埋的屍體。

俄軍獲得了一次意義深遠的勝利。

三天之後，彼得在斯摩棱斯克受到軍隊槍炮齊鳴的歡迎。在林村戰役中，彼得的軍事天才充分展現。他創造了輕騎隊這種利於快速長途奔襲的形式。他還推翻了傳統的歐洲戰法，創造了充分利用地形的新戰術。當時的歐洲戰術規定，軍隊不得在隱蔽的

或崗巒起伏的陣地進行戰鬥。因為當時的軍隊大多是雇傭軍，缺乏強烈的戰鬥意志，一旦隱蔽起來軍官就無法控制。但彼得瞭解他的軍隊，他們為祖國而戰，不惜拋頭灑血，無須軍官督戰。起伏的山巒、茂密的樹林，既能減輕傷亡，又不影響鬥志，可以把俄軍的優勢發揮到極致。林村大捷後，彼得發出敕令：今後的戰鬥不要在「空地進行，而應以樹林作掩護」。

從歷史的角度來看，由彼得親自組織和指揮的林村大捷，實際上正是整個俄瑞戰爭的戰略轉捩點，自此以後，主動權開始轉移到俄國人手上。兩位君王和兩個國家的命運，也已經在林村被決定了。

通觀戰局的彼得知道：勝利已經在望了，他要以林村大捷的喜訊來振奮人心，於是派遣兩名

特使向首都莫斯科報捷，沿途吹吹打打，高呼：「萊文豪普特軍團已全軍覆沒！」此外，還特別把大捷的消息通報各國駐俄使節，以及俄國駐外使節，讓捷報傳遍全歐洲。事隔多年之後，彼得仍然認為林村大捷是「北方大戰」的一個重要里程碑：「這次的勝利，可以稱之為最重要的一次勝利。因為我們還從來沒有像這樣擊敗過瑞典正規軍，況且我們又是以寡敵眾。實際上，這次大捷是俄國日後國運亨通的起點……」

一名敗兵以最快的速度追上瑞典王的行營，報告了林村戰敗的消息。查理十二聽完後，猶如遭到雷擊，他做夢也沒有想到他的軍隊，特別是由名將萊文豪普特親自指揮的軍隊會遭到如此慘敗！年輕的君王憂心如焚，不知如何是好。

林村戰敗後第十三天，萊文

豪普特將軍帶領著六、七千衣不蔽體、凍餓不堪的敗軍來到查理的行營，再也無法心存僥倖：糧食、彈藥以及最急需的炮兵全部損失了。如果查理十二再年長幾歲，傲氣不那麼盛，自信心不那麼強，或者查理十二沒有被萊文豪普特的殘兵敗將氣得發了瘋，他就應該明白這次與俄國的戰爭已經失敗。作為統帥，他現在的責任是挽救軍隊，盡快撤退。但查理十二卻往首都斯德哥爾摩發了一份快報，繼續率軍向烏克蘭前進。

從查理十二所掌握的情報來看，挺進烏克蘭至少有三大有利條件：烏克蘭有糧草物資，烏克蘭毗鄰俄國的老對頭土耳其，烏克蘭還有準備投向他的哥薩克首領馬澤帕及其手下的四萬人馬。他幻想去烏克蘭稍事喘息，再調過頭與彼得決一死戰。此時，又

傳來瑞典陸、海軍在彼得堡城下大敗而逃的壞消息。看來，向東向北都毫無勝算，也只有南下烏克蘭了。

10月24日，林村大敗後二十幾天，查理十二總算接到一個好消息：哥薩克首領馬澤帕已與瑞軍前哨部隊接上頭，並密報在自己的老窩巴圖林囤積了大量糧草彈藥。查理喘過一口氣，即令大軍開往巴圖林。

這位哥薩克首領馬澤帕是個口蜜腹劍的人物，平日偽裝成忠厚老實的樣子，深得沙皇信任。直到他跑到瑞軍大營裡去，沙皇派往烏克蘭領軍的親信緬希科夫才明白大事不妙。他一面急報沙皇，一面設法穩定局面。現在，牌終於攤開打了：誰先占領巴圖林，誰就將贏得戰爭的主動權。沙皇緊急調遣軍隊在傑斯納河攔截瑞軍，同時命令緬希科夫不惜

一切代價搶占巴圖林。

緬希科夫率隊馬不停蹄，晝夜兼程，終於搶先一天趕到巴圖林。緬希科夫不由分說，急令手下人馬四處縱火焚燒。一把沖天大火，把城堡以及堆積如山的糧秣彈藥燒成一片焦土廢墟。查理十二的希望化作嫋嫋餘煙在巴圖林上空飄蕩。隨後，沙皇在哥薩克民眾前譴責了馬澤帕的叛賣行徑，查理十二在烏克蘭補充四萬兵員的幻想也隨之破滅。

俄羅斯的冬天已經到來，瑞軍人員、馬匹餓死、凍死、病死者無數。孤軍深入險地，後方已在千里之外。

7 輝煌的
波爾塔瓦決戰

　　1708 與 1709 年之交的那個漫
長的冬天，沙皇沒有積極尋求與
敵軍決戰。他判斷敵軍還有餘勇
可賈，時機尚未成熟。正如他所
說，「整個國家的幸福和前途可
以毀於某一次戰役。」他不能拿整
個俄羅斯的未來去冒險。他很清
醒，那一年他不過三十六歲，對
於一個政治家來說，還算不得真
正成熟的年紀。作為軍人，沙皇
總是身先士卒，奮不顧身；作為
國君，他則沉著謹慎，絕不逞匹
夫之勇，以國運孤注一擲；作為
有旅歐閱歷的戰略家，沙皇天才
的直覺式的領悟了遼闊的國土在
抗擊侵略上的決定性意義。他絕
不貿然出擊，俄羅斯的嚴冬、俄
羅斯無邊無際的土地自會耗盡侵
略者的餘力。

　　趁與瑞典在北方的戰事暫時平緩下來，沙皇把注意力轉移到南方。有消息稱「土耳其人正在備戰」，他必須防患於未然。俄軍主力在北方與瑞典人周旋，這對於南方的土耳其和克里米亞韃靼自然是千載難逢之機。

　　沙皇趕到了造船基地沃龍涅什，花了兩個月時間，以超人的精力投入亞速海艦隊的創建。一聽說造軍艦缺少釘子、螺釘、大炮、鐵錨時，沙皇就跑到工廠，和工匠們一起鑄造炮彈、臼炮、手榴彈、鐵錨，足足幹了兩週的活兒。在那裡，他親自參加二十九艘巨型戰艦的下水儀式，然後率領二百四十一艘艦船組成的大艦隊來到亞速。亞速的海軍艦隊得到了強大的補充，這使土耳其人打消了趁機在南方發動戰爭的念頭。

　　北方戰場。冰天雪地的烏克

蘭大草原上，查理十二的軍隊冒著嚴寒東奔西跑。俄國人不給他們落腳之地，也不給他們滴水粒米。瑞典人只好攻擊每一座城鎮甚至每一處居民點，艱難前行。

在一年中最寒冷的季節裡，小小的維普里克城匆匆的築起圍牆，不屈不撓的抵禦著瑞典人的進攻。查理十二開始命令炮轟，以為大炮一響這小城就會舉手投降。但是轟來轟去，縱然彈落如雨，這小城也不屈服，他只好下令強攻。為數不多的駐軍以僅有的三門大炮打退了瑞典皇家軍隊的三次猛攻，一直戰鬥到彈盡糧絕。為進入這個毫無戰略價值的小城，瑞軍付出了損失一千二百多人的沉重代價。在充滿敵意的土地上，瑞典軍隊不但得忍受饑餓以及疾病的流行，還不斷受到俄軍與游擊隊騷擾，軍心一蹶不振。

　　嚴冬過去，接著又是春汛，河流暴漲，道路泥濘……取勝的希望越來越渺茫……

　　1709年早春時節，瑞軍抵達波爾塔瓦。查理十二迫切需要占領波爾塔瓦，憑藉這個戰略要地溝通與土耳其和克里米亞韃靼的聯繫，休養生息，再回頭與俄軍決戰。

　　瑞典王原先打算在行進中攻占波爾塔瓦，但俄軍早有準備。三個月前，沙皇已命令當地駐軍死守待援，又派緬希科夫將軍率領一支騎兵部隊在城外呼應。瑞典人整整打了兩個月，發起八次進攻，都被俄軍挫敗。

　　5月底，沙皇完成了威懾土耳其的部署後，從南方亞速返回北方軍中。在此之前，他已經獲悉瑞典方面毫不妥協的意圖。林村戰役之後，瑞典軍隊看上去仍然十分強大。沙皇建議兩國締結

和約，但查理十二傲慢的加以拒絕。他回答沙皇的使節說，他準備打倒莫斯科後再締結和約，而且要求俄國現在就預付三千萬外國銀幣，以賠償瑞典在戰爭中花銷的軍費。

6月初，彼得親自到了波爾塔瓦，準備在此與瑞典軍決戰。此時，俄軍已抓緊時間完成了集結。6月20日，查理十二發現，早先撤過沃爾克斯拉河而僅僅在對岸實施牽制的俄國軍隊，忽然又渡過河來擺開陣勢。他這才明白，俄軍打算在波爾塔瓦城下進行決戰。戰場形勢發生變化：圍困波爾塔瓦要塞的瑞軍現在又被俄軍團團圍住。查理十二急於擺脫腹背受敵的困境，在俄軍渡河的第二天就傾其全力猛攻波爾塔瓦。惡戰兩日，瑞典人仍然未能破城。

瑞典王的遲鈍給對手留下了

構築野戰工事的時間。在彼得親自指揮下，俄軍占據了一處絕佳的決戰地形：背後是陡峭的沃爾克斯拉河岸，雖然河面上已架好了橋，但已擺出「背水一戰」的架勢。俄軍兩翼隱匿在密林中，正前方是一片開闊地帶，那就是彼得給瑞典人留下的主戰場。按照沙皇的命令，士兵們在那片開闊地前面搶修了十個裝備了炮群的多棱地堡，以削弱瑞典軍隊強大的衝擊力。在大決戰前夕，兩位君王都對自己的軍隊發表了講話。彼得號召奮起抗敵，查理則說了些類似「俄國沙皇為我們準備了許多美味佳餚」的話。

雙方約定29日決戰，但查理決定提前偷襲。27日凌晨三點，瑞軍突然發起進攻，俄軍沉著應戰。第一個回合，瑞軍攻占了兩個多棱堡，但在猛烈炮火夾擊下不得不倉惶撤出。

　　偵察負傷的查理授命倫舍爾元帥指揮全軍，並下令用騎兵迂迴包抄俄軍。緬希科夫將軍率領的騎兵部隊奮勇迎戰，俄軍炮兵以一百零二門大炮的絕對優勢壓倒了敵軍的炮火。緬希科夫三次請求增援，他信心百倍的想趁勝追擊。但彼得慎之又慎，以預定的作戰計畫為理由，命令緬希科夫把騎兵撤回來。瑞典人誤認為俄軍開始退卻，掩殺過來，在多棱堡附近遭到俄國炮兵的霰彈轟擊，遭到重大損失。瑞軍右翼則被緬希科夫騎兵殲滅於波爾塔瓦森林。

　　上午九時，瑞軍再次發起進攻。他們冒著俄軍猛烈炮火，端著刺刀，以肉搏戰殺進俄軍的營壘。此刻，洞悉戰場全局的彼得親率一個近衛營衝進戰場核心，打退進攻，穩住陣腳。幾經反覆拉鋸，瑞典軍隊喪失每戰必勝的

信心，僅剩還手之力。

決定命運的時刻終於到了。

發起總攻之前，沙皇對即將投入最後決戰的將士發表演說。這就是後來著稱於世的「彼得訓令」。彼得身著墨綠色近衛軍軍官服，肩帶迎風擺動。他滿面硝煙，高舉起被子彈打穿的帽子，滿懷激情的發表如下決戰訓令：

俄羅斯軍人應當懂得，整個民族的命運就掌握在你們手中，決戰的時刻到了！你們並非為彼得而戰，乃為託付給彼得的國家而戰！……朕本人早已將個人生死置之度外。至高無上的，唯有俄國的生存、宗教、富強與光榮！

「烏啦……」士兵們熱血沸騰。

沙皇訓令結束，俄軍隨即發

起總攻。不管查理如何阻止，瑞軍已兵無鬥志，成了望風披靡的潰軍。經過兩個半小時的血戰，瑞典軍隊陣亡八千多人。除查理十二和叛國者馬澤帕帶領少數衛隊逃往土耳其之外，一萬六千多官兵被俘，其中包括萊文豪普特和一名元帥、十名將軍。瑞典遠征軍全軍覆滅。

沙皇大喜過望，不顧疲勞，親自撰寫戰報：「……這是一次最偉大、最出乎意料的勝利！」

下午三點，彼得大擺筵席。除了參戰的俄國軍官，還邀請了被俘虜的瑞典將軍與大臣。沙皇舉杯祝賀波爾塔瓦戰役的偉大勝利，並語帶奚落的說：「昨天，我的兄弟查理國王說過要請你們到我的帳篷裡舉行午宴，你們今天應邀光臨，而我的查理兄弟卻沒有和你們一起出席。他沒有履行自己的諾言。我一直在等他，並

且衷心希望他能駕臨同我們共進午宴。既然查理國王陛下不肯賞光，那就請諸位在我的帳篷共進此餐吧。」

翌一日拂曉，沙皇參加了掩埋俄國陣亡將士的隆重葬禮。一千三百四十五人埋葬在兩座陣亡將士墓裡，高高的墳丘上豎起木製的十字架。

然後，彼得舉行凱旋入城儀式，進入即使彈盡糧絕也要英勇抗敵的波爾塔瓦城。

波爾塔瓦大捷使歐洲對俄羅斯帝國刮目相看。現在，歐洲各國宮廷再也不把俄國在納爾瓦的失敗拿出來當作笑料。在波爾塔瓦，俄國打破了瑞典軍隊不可戰勝的神話；也是在波爾塔瓦，查理十二葬送了瑞典。此役之後，那個以波羅的海為內海而「不可一世」的瑞典已不復存在。

波爾塔瓦的勝利使俄國「一

步登天，巍然屹立」（普希金之語）。

　　從此，波爾塔瓦成為一個光榮的名字。

　　一個新的偉大國家，在歐洲驚詫不已的目光下開始出現。

8 農家女凱薩琳皇后

　　瑞典國王查理十二倉惶逃往土耳其，這是波爾塔瓦戰役的尾聲。

　　瑞軍殘部扔下了輜重車隊，拼命向西方逃跑。在這支潰軍的後面，是窮追不捨的緬希科夫騎兵。逃到轟伯河畔，瑞典人費盡苦心才找到幾條小船。查理把指揮權交給萊文豪普特將軍後，和他的衛隊迅速渡過河去。追兵隨時會到，許多人泅水逃命，活活淹死在轟伯河的波濤中。查理十二丟下自己的軍隊，如漏網之魚般急急向土耳其逃去，他不時回首張望，生怕追兵趕到。三小時後，緬希科夫趕到轟伯河畔，除了跟隨查理王渡過河去的幾百人之外，潰軍全數被俘。

　　查理十二世一到土耳其，就

不停的挑唆土耳其對俄國宣戰。

1710年，俄國發動夏季攻勢，一口氣收復了波羅的海沿岸的許多土地。查理則拿出歷年透過戰爭掠獲來的金銀財寶，在土耳其首都君士坦丁堡大肆遊說。他指出俄國歷史始終與土耳其存在利害衝突，俄國強大，必然威脅到黑海，甚而威脅到君士坦丁堡。這不完全是煽動，土耳其君臣一向也持此種觀點。查理十二進一步向土耳其蘇丹大加利誘：只要土耳其打敗俄國，瑞典可以割讓幾省土地，外加四百萬年貢。瑞典王最終得逞：巨大的誘惑和切身利益，終於使土耳其蘇丹下決心撕毀墨蹟未乾的俄土和約。波爾塔瓦戰役後約一年半，1710年12月，土耳其對俄國宣戰。

此時，俄國和瑞典還處於戰爭狀態。沙皇不願兩線作戰，遂向土耳其和瑞典兩國都發出和平

呼籲，但是瑞、土兩國皆未加理睬。其實，沙皇提出的締和條件還是比較合理的，例如與瑞典的議和條件中，俄國所要求的，不過是「自古以來就屬於俄國」的領土。

既然和平無望，俄國於是在1711年2月25日對土耳其宣戰。

在離開莫斯科前往軍中時，沙皇宣布：他有了一個合法的夫人，名叫凱薩琳・阿列克謝耶芙娜。多年前，納塔莉婭皇后為他安排的第一次婚姻已經結束。除了少數沙皇周圍的人，整個俄國社會對這位新夫人毫無所知。這位並非出身名門的女人，後來不僅成為皇后，還成為女皇。

凱薩琳・阿列克謝耶芙娜本名瑪爾塔，出生於一個立陶宛普通農民的家庭。1702年，俄國軍隊圍困馬林堡，瑪爾塔是一位牧師的女僕，成了俄軍俘虜。第二

年，彼得在緬希科夫家和她邂逅相遇，從此對她情有獨鍾。她嬌媚溫柔，而且體魄健美，深獲彼得歡心。彼得有過幾位情婦，但凱薩琳的忠誠勇敢無人能企及。無論彼得在險惡的戰場還是在遙遠荒涼的邊疆，只要一聲召喚，凱薩琳就可以頂著風霜雨雪跋涉數百公里去伴隨他。

凱薩琳對動蕩危險的軍旅生活視若等閒，這顯然使終年奔走於途的彼得更對她青眼有加。在彼得給她的許多信中，都流露出真誠的感情。如這封發自若爾克的書信:「速來基輔，不要拖延。如因故不能即刻前來，速回信說明，以釋吾念。終日思念而不能見面，令人傷心……」

沙皇對凱薩琳以及他們兩人私生的女兒關心備至。1708年初去軍隊之前，他在一道留下的手諭中如此安排自己的後事:「如遭

不幸，請將存於緬希科夫公爵官邸之三千盧布送交凱薩琳母女二人。」

在凱薩琳成為皇后之後，他們的關係發展到了一個新階段。先前，彼得在信中會稱她為「我的小雛兒」，親昵而粗魯。漸漸的，彼得變得越來越溫柔：「卡捷琳努什卡，我的朋友，你好！」原先那種命令式的口吻，也變成親人間的推心置腹。只要與凱薩琳有關，事無巨細都在彼得心上。在一信中，彼得囑咐她路上多加小心，「千萬不能到離衛隊兩百公里遠的地方去！」還經常送她一些禮物和從歐洲買來的美食。

沙皇給凱薩琳的信，保留下來的有一百七十封，純事務性的為數甚少。他會告訴她戰爭的情況，會談談自己的身體狀況，會訴說對她的思念。他不用任何事務去勞煩她，而僅僅把她視為自

己最知心的朋友和愛人。

　　據同時代人記載:「沙皇之所以敬她、愛她,是因為她有一種當皇后的才能,是因為她時時意識到她並非天生的皇后。他們經常雙雙出遊,但各有各的車隊,一個以自己的樸質而顯得莊重,另一個則顯得富麗堂皇。沙皇願意她時時隨侍在側,但是每逢軍事檢閱,艦艇下水儀式或節日盛典時,她從不拋頭露面。」

　　有一位外交官曾近距離觀察到沙皇對她的體貼溫存。他感動的寫道:「……飯後,沙皇和皇后舉行舞會,這個舞會持續了約三個小時。沙皇常常和皇后、小公主們跳舞,他不時的親吻她們。在這種場合,他對皇后流露出更多的柔情。可以說句公道話:儘管她的出身寒微,但她對這位偉大君主的寵愛當之無愧。」接下來這位觀察細緻的外交官又描繪了

凱薩琳的相貌:「她豐滿適度，天生麗質，面色白裡透紅，長著一雙不大的黑眼睛，一頭黑髮又長又密。她的脖頸和手臂都長得嬌美可愛，面部表情甜蜜、柔和，令人感到愉快。」據說，關於這位傳奇美人的外貌，這是流傳至今唯一的文字材料。

沙皇打破千百年來帝王婚姻的種種神聖傳統，和一個農家女聯姻，置貴族少女和西歐公主們於不顧，在當時社會是一種對舊習俗的挑戰。而凱薩琳也以她出眾的氣質與品德贏得了俄國人民的認同。

1711 年早春時節，彼得攜凱薩琳一起參加普魯特河遠征。

對這次俄土戰爭，彼得抱有必勝的信念。俄軍在打敗歐洲勁旅瑞典軍隊之前就在亞速戰役中大獲全勝。在他的意識中，土耳其軍隊不過是手下敗將罷了。因

此，在選擇戰場上，他一反俄瑞北方大戰時的謹慎，決心採取境外作戰。

覺得勝券在握的彼得，現在最關心的是如何以最快的速度到達多瑙河畔。他認為，只要趕在土耳其人前面搶先到達多瑙河，那裡兩個動搖不定的大公國就會倒向俄軍，並提供軍事配合與物資補給。

後來的事實證明，彼得的願望基本上是落空了，一個大公國沒能幫上多大的忙，另一個則乾脆投向了土耳其。更嚴重的後果是：俄國遠征軍的補給完全沒有了著落。此時俄軍剛到達德涅斯特河，距離目的地多瑙河還相當遙遠，但新的希望又出現了：有消息指出，土耳其總司令準備與俄國進行談判。既然對手打算和談，就證明他們處於弱勢；又有人說，繼續前進可以搶占土耳其

人的糧庫。最後彼得決定繼續前進，兵鋒指向多瑙河的支流普魯特河。他把勝利的希望寄託於敵人的軟弱和那個似乎等著他們去搶的糧庫上。

9 生死一線的
普魯特河之戰

　　從德涅斯特河向普魯特河的艱難行軍開始了。俄國遠征軍在一望無際的焦渴的草原上跋涉，鋪天蓋地的飛蝗啃光草原，戰馬一匹接著一匹倒斃。糧食不足，更缺乏飲水。一位丹麥外交官寫道:「沙皇對我講，他親眼看到士兵們由於極度缺水而從鼻子、眼睛和耳朵裡往外冒血。而一旦找到水，總會有許多人暴飲而死。」

　　到達普魯特河後，水的問題自然解決。俄軍渡過河沿右岸向多瑙河前進。數日之後，俄軍元氣未復，便陷入土耳其軍隊的重兵包圍。直到這時，彼得方才得知:土耳其人和韃靼人聯軍不是原來所估計的六、七萬，而竟然是十八萬！

　　第二天拂曉，土耳其近衛軍

發起攻擊，他們口中高喊著「阿拉」，然後如潮水般的衝向俄軍固守的高地。俄軍總數不足四萬人，但皆為能征善戰之精銳。在猛烈炮火的配合下，俄軍一次又一次擊退敵人的進攻。第一天，戰鬥持續了三小時，擊斃敵軍七千人。第二天，土耳其騎兵發起攻擊，迅速被俄軍炮火殺傷。兩天的戰鬥，俄軍雖然獲得戰術上的勝利，但俄軍本來就是一支疲病之師，不但缺糧缺水缺草，現在更陷入重重包圍，晝夜處於緊張狀態，實在難以久戰。為了避免全軍覆沒，沙皇只好求和。

7月10日清晨，一個號手帶著舍列麥捷夫元帥要求和談的信件去到土耳其軍營。但一小時又一小時過去，一直沒有回音。現在，對於身陷絕境的俄國軍隊來說，每過一個小時都意味著戰鬥力的減弱。除了被敵軍包圍在心

理上所造成的巨大壓力，還因為靠近水源的地帶都被敵方預先安排的火力所控制，而在目力可及的地方，到處是成片的營帳與篝火。連續幾晝夜不能合眼，連沙皇的鋼鐵神經也挺不住了。

那位隨軍的丹麥公使在日記中寫道:「當沙皇陷入土耳其軍的重圍之後，絕望已極，發瘋似的在兵營裡跑來跑去，捶胸頓足，一句話也說不出來。他的左右大多認為，此番陛下所受的打擊過於沉重。軍中眾多的軍官眷屬，皆啼泣不止……」凱薩琳身邊的侍女、女官也哭哭啼啼。

一個月前，彼得就建議凱薩琳離開軍隊去波蘭，用不著苦等遠征結束，但她斷然拒絕離他而去。在這個萬分危急的時刻，凱薩琳反倒異常冷靜。她否定了讓沙皇換裝逃離軍隊的意見，穩住了沙皇混亂的心思。僅此一點，

這位女人就為俄國立下了不世之功，倘若沙皇聽信了隻身逃脫的主意，不僅一世英名毀於一旦，俄軍精銳全軍覆沒，而且後來俄羅斯崛起的歷史也不得不大幅度改寫。

幾個小時在令人難以忍受的等待中過去了。

這時，土耳其總司令大帳篷裡正在激烈爭論。韃靼汗和瑞典王的代表覺得優勢盡占，獲勝如探囊取物，堅持要打到底。但土耳其總司令願意談一談，因為與俄軍初戰時，傷亡慘重，土耳其人覺得沒有完全獲勝的把握。

信使帶回了土耳其人願意談判的消息，沙皇頓時有了絕境逢生之感。他馬上任命經驗豐富的外交家、外務院副院長彼得‧沙菲羅夫為特使，帶領六名官員前去談判，沙皇決心不惜一切代價立即停戰，以使俄軍脫離險境。

除了面授機宜，彼得還給沙菲羅夫一道手諭，表示只要土耳其同意簽訂和約，俄國可以把近年來從土耳其和瑞典手中贏來的所有土地退還。凱薩琳拿出自己珍藏的全部珠寶首飾，請特使祕密送給土耳其總司令。談判特使出發後，沙皇召開軍事會議，制定了最後的突圍方案：一支以哥薩克人為主的俄軍將憑藉大車構築的防線牽制敵軍，而俄軍主力則護衛著沙皇和皇后，從正面戰場上殺出一條血路，突出重圍。

次日，忐忑不安的沙皇派出緊急信使給沙菲羅夫送來另一道手諭，表示目前俄軍處境極端艱難，「若對方對講和一事確有誠意，可允以一切條件，只求不繳械投降」。只要不打這一仗，不做俘虜，沙皇同意歸還一切占領地。此刻，他無比深刻的再次認識到這條真理:「整個國家的幸福

和前途可以毀於某一次戰役。」他試圖全力挽回。

7月11日，在和約簽訂的前夜，由全體將領和大臣參加的軍事會議決定輕裝突圍，只把拉炮車的好馬帶走，其餘的馬一概宰殺分食，剩下的食品也盡數分配全軍，全部輜重都要付之一炬。沙皇下了決心：俄國軍隊寧死不降。

此時，一個令人驚嘆的奇蹟發生了：談判成功，和約以最快的速度和最小的代價簽訂。

人們感到難以理解。有人認為這有賴於沙菲羅夫傑出的外交才能，有人則認為是凱薩琳的珠寶起了作用。其實，最關鍵的原因，是土耳其人也陷入了困境。在一天的戰鬥中，土耳其軍隊陣亡八千，加上傷殘，應該有四五萬之眾。也就是說，一天之內土耳其軍隊就喪失了四分之一左右

的戰鬥力，這種消耗是很難堅持下去的。英國駐君士坦丁堡公使是這樣向倫敦報告的：土耳其人萬萬沒有料到會遇上「這麼可怕的對手」，「……如果俄國知道土耳其人驚恐異常，鬥志喪失殆盡，他們定當發揮己方優勢，繼續炮轟，然後出擊，土耳其定會全殲無疑。」

瑞典國王查理十二聽到和約簽訂的消息怒不可遏，闖進土耳其總司令帳篷大加責問。他要求給他兩三萬人馬，保證生擒俄國沙皇。土耳其總司令反唇相譏，提醒他不要忘了波爾塔瓦戰役，「陛下還沒有吃夠他們的苦頭，我們可是看夠了。我不能撕毀和約，您要是願意打就請便！」

普魯特河戰役，沙皇的失誤在於前期大意輕敵，陷軍隊於補給困難的境地，被包圍後又過高估敵方力量，失去每戰必勝的信

心。事實上，俄軍戰鬥力已經大大超過土耳其與韃靼聯軍，成為一支歐洲勁旅。對這一點，彼得還沒有來得及真正體認。如果俄軍有信心，繼續猛烈炮轟，然後堅定出擊，土耳其與韃靼聯軍就會全線崩潰。

但在當時，俄軍只瞭解自己的困境，和約一簽訂，便立即渡過普魯特河向國境線撤退。一路上，彼得肯定在不斷思索反省。後來寫在《北方大戰史》上的評價是：「這次向土耳其的進軍是一次極為冒險的行動。」俄軍終於抵達德涅斯特河，脫離險境已經很遠了。一俟渡過德涅斯特河，沙皇下令全軍作感恩祈禱，鳴炮慶賀普魯特戰役解圍。沙皇虔誠的跪在河岸上，感謝上帝拯救了俄國。

在彼得逝世六十年之後，有一封翻譯成德文的「彼得遺書」

披露於世。次年，俄文版發表。這份遺書寫於普魯特河戰役最絕望的關頭，即決心殺馬突圍的那天晚上：

樞密院諸大人同鑒：
朕須向諸位澄清下列事實，即朕與朕統領之軍隊在此次征戰中，並無失誤和過錯可言，而僅僅因情報失實，不幸被四倍於我之土耳其兵力所包圍，接應路線均遭切斷，除非上帝相助，否則必敗無疑，朕亦將淪為土耳其人之階下囚。如朕被俘，諸位不必再尊朕為君主，即便朕親自所下之命令，諸位也不必執行。如朕不幸戰死沙場，一旦死訊證實，望從速另立無愧於朕之新君。

遺憾的是，這封遺書的原稿已經失傳。由於沒有原件，有研

究者認為是偽作，直到今天歷史學界還有爭論。持不同意見的雙方，都沒有從人格的方面提出質疑。也就是說，無論這封遺書是不是偽作，其中所洋溢的那種以國家社稷為重的情感確實是彼得式的，彼得是可能留下這種遺囑的。他確實可能為了俄羅斯的根本利益而在有被俘之險時主動放棄王位。在世界史上，我們絕少見到這種君王。

10 再訪西歐軼事

　　第一次歐洲之行後，沙皇曾因療養、外交等原因再次赴歐。在每次的旅行中，都留下了一些「軼事」，流散出足以彰顯沙皇精神與性格的光輝。

　　1712 年 10 月，在歐洲療養勝地查理巴德。

　　某日，彼得散步路過一處建房工地，忽聞有人閒談:「聽說俄國皇帝誇下海口，說他自己什麼活兒都會幹，其實，建築的事他一竅不通⋯⋯」彼得常常對人誇口，說自己一生學會了十四種手藝。這恐怕不完全是吹噓，他從小就喜歡擺弄各種匠人的工具，成年後，確實精通多門手藝，尤其是木工。聽到此，他不禁停下腳步，猶豫片刻就爬上鷹架，拿起一把水泥抹刀，幹了一整天泥

灰活，受到泥瓦匠們的稱讚。二百年之後，查理巴德城的人們在這座房屋邊豎起一座紀念碑，上頭寫著:「彼得大帝和泥瓦匠們曾在此一同勞動。」

回程時，彼得在柏林稍事逗留。駐柏林的英國大使在給本國政府的報告中寫了一段關於沙皇的軼事:「沙皇本應在今晚出席王后為他舉行之歡迎晚宴以及盛大舞會，但結果令王后陛下與全體賓客大失所望：晚六時許，沙皇派人送來不能赴宴的通知。原來沙皇巧遇了早年出國旅行時相識之某荷蘭籍磨坊主，該人擁有風磨鋸木廠和位於城外半英里之花園別墅各一座。彼得與磨坊主歡飲暢敘直至深夜。」

1716 年，彼得前往荷蘭，去尋求早日結束俄瑞戰爭的外交途徑。

像第一次來荷蘭時一樣，彼

得這次也決定使用化名。但似乎沒能堅持到底，且用處不大：在歐洲，俄國沙皇喜歡微服私訪早已不算是什麼祕密。這次出行，倒是沒有給荷蘭官方添麻煩，但被一家鄉村野店敲了竹槓。那一日，彼得和侍從們投宿到一家偏遠簡陋的小店。晚飯不過是十來個雞蛋、一些乳酪、黃油和兩瓶葡萄酒，問店主要多少膳宿費，竟回答說一百枚金幣。彼得想不通，去找店主，操著荷蘭話問：「你怎麼要這麼多錢啊？」不料店主說：「一百枚金幣算啥？我要是俄國皇帝的話，我就付一千枚金幣！」沙皇瞠目結舌，只好乖乖的掏出錢包付帳。

在荷蘭舊地重遊，使彼得十分激動感慨。他參觀了二十年前就熟悉的造船廠、港口、軍艦、各類手工業作坊。他來到曾經居住過的那間窄小的臥室。女房主

叫出了他的名字，「歡迎你，彼得師傅！」原來，她是造船工匠保羅的遺孀，他過去經常在她家吃飯。彼得擁抱這位老婦人，懷念起那一段歲月。他曾向保羅學造船，並得到了一張由保羅簽字的結業證書。

沙皇還是和他初次來荷蘭時一樣，喜歡到海邊散步，遇事愛問個究竟，特別喜歡和普通工匠閒談。所不同的地方是，上一次是埋名隱姓，而現在不再躲躲閃閃；上一次是一位掄起斧子砍木頭的年輕學徒，現在是曾經指揮過四國聯合艦隊的海軍統帥和船舶專家。

這種喜愛勞動的習慣，彼得終生一直保持著。在皇宮裡，他有一個專門的車間，裡頭放滿了車床、各種工具、範本和材料。有時候工作累了，他就去車間幹活。一位歐洲外交官就曾寫道：

「他的手藝，比之技藝超群的工匠也毫不遜色。他甚至還能車出人頭像和人物……一絲不苟，十分認真，就像他幹活是為了掙錢糊口似的。」在愛爾米塔日博物館裡收藏著一盞枝形大吊燈，是用象牙做的，二十六個燈頭分為三層，每一層都有巧奪天工的飾物和墜子。吊燈上刻有俄文和拉丁文的銘文:「全俄皇帝和專制君主彼得大帝以勤勞雙手製作。1723年。」1723年，已經是他生命的最後時刻了。

世界史上，我們很難見到比彼得更加熱愛勞動、熱愛普通老百姓的君王。

在阿姆斯特丹，彼得接見了來自法國的代表。法國想挽救自己的盟友瑞典，想充當俄瑞談判的調停人。於是彼得決定去一趟巴黎。

巴黎當局精心準備迎接彼得

及其隨行官員。為了博得沙皇歡心，法國各地都不惜花費，但彼得卻不太領情。他往往回絕主人刻意安排的盛宴，說自己是一個軍人，「只要有麵包和水，我就心滿意足了。」

進入巴黎城時，出於外交禮節，沙皇終於坐上國王提供的轎式馬車，卻拒絕在豪華的羅浮宮下榻。他來到為他準備好的大套房，看了看裡面名貴的擺設，從巨大餐桌上數百盤佳餚裡掰下一小塊麵包，呷了一口葡萄酒，然後提出要住比較樸素的地方的要求。沙皇的要求自然立即得到滿足，但候選的那個大旅館，沙皇覺得還是太奢華。法國人有些為難了。彼得後來自己動手解決了難題：從長途旅行的大篷車裡翻出自己的行軍被，抱到更衣室裡打地鋪。

法國宮廷為了盡可能滿足沙

皇的一切要求，指示陪同官員觀察記錄沙皇生活習慣與嗜好，這為我們保留下一些可信的第一手資料。

據法國人記載，俄國沙皇看上去有四十五歲，體格魁梧，背微弓，頭部習慣性稍往下低，皮膚黝黑，面部表情極其嚴肅。沙皇早晨起得很早，十點左右吃午餐，傍晚七時左右吃晚餐，九時以前回臥室準備就寢。他每天上午喝伏特加酒，下午喝啤酒和葡萄酒，晚餐量很少，有時甚至不吃。他喜歡辛辣調料和黑麥精粉烤的又乾又硬的麵包，很愛吃青豌豆、橘子、梨和蘋果。為了滿足沙皇的口味，法國人還專門為他做黑麵包。在巴黎外出活動，他一般穿普通呢料的大衣，腰間繫寬皮帶，懸掛軍刀，頭上的假髮沒有撲粉，襯衫袖口不帶任何花飾。

　　沙皇在巴黎的活動，除了祕密進行的外交接觸，就是遊覽名勝古跡和多次會見法國著名的學者——就是那些後來被稱為「百科全書式的」人物。過去出國旅行，沙皇不是參觀博物館、新式工廠、港口，就是忙著學手藝。現在，他的求知欲和眼界都大幅拓寬。沙皇還特地去參加了科學院的會議，聚精會神的聽他們談論、講解。在同法國學者們的交流裡，他顯示出令人吃驚的理解力與極為淵博的知識。

　　巴黎給沙皇留下了極為深刻的雙重印象。彼得說，巴黎作為一個科學和藝術昌盛之都使他不忍離去，但由於奢華和汙穢，巴黎已瀕於毀滅。

　　彼得大帝用軍刀，用他那永無止境的學習精神打開了俄國通往西方的大門。著名的俄國科學家、歷史學家、詩人羅蒙若索夫

後來寫道:「於是各種神奇的科學越過高山、大海和江河,把手伸向俄羅斯,對偉大的君主說:我們願意竭盡全力,把純粹智慧的新成果,交給俄羅斯人民。」在世界史上,我們很難看到還有哪一位君王像他那樣熱愛學習,熱愛科學技術。

11

皇太子
阿列克謝之死

　　彼得同皇太子阿列克謝的關係，恐怕是沙皇國事活動和私人生活中極富悲劇性的一幕。父子之間，由氣質、性格以及志趣的差異，一直發展到皇位爭奪，最後以太子之死而落幕。

　　太子阿列克謝生於 1690 年 2 月 18 日。由於其生母是前皇后葉芙朵吉婭，童年時代就對父皇有不好的印象。太子成長時期，彼得輾轉沙場，對他的教育也甚少過問。結果太子不僅學業不佳，還疏懶成性，毫無進取精神。漸漸的，他周圍聚集了一些酒色之徒，整日沉醉於聲色犬馬。阿列克謝太子的酒友們還時常辱罵沙皇，攻擊改革，把種種守舊派散布的流言蜚語帶進宮內。彼得對這個從性格、學識到抱負都與自

己相異的皇位繼承者很不滿意，而最使他傷心的是阿列克謝對國事漠不關心。

在身邊一批貪權好勢之徒的蠱惑下，這位不學無術的太子很早就產生了強烈的權力意識。某位反對改革的大主教在佈道中公開挑戰彼得沙皇，呼籲皇位繼承人登基之後能恢復舊制。這件事激怒了沙皇，卻在太子頭腦裡引發了指望由宗教界發動暴亂的念頭。又有人謠傳沙皇的重臣緬希科夫去世的消息，太子得知後欣喜若狂，認為父皇去世後他接位時又少了一個大麻煩。

在彼得的刻意安排下，太子十四歲到軍中服役，十七歲負責採辦軍需糧秣，二十歲便可委以重任：加強莫斯科的防禦工事，裝備炮兵，以及給衛戍部隊補充兵員。彼得希望在具體國務活動中磨練兒子，以便將來可以把國

家託付給他。但事與願違，阿列克謝皇太子對父皇交辦的事毫不放在心上，只是一味和他的狐朋狗友飲酒作樂，整日渾渾噩噩。

　　一次，彼得要他為自己親任指揮官的團隊選送新兵，結果阿列克謝敷衍了事，送去的新兵中有許多根本不合格。彼得十分震怒，嚴詞責備太子。太子則四處求人為自己開脫，最後一直求到後母凱薩琳頭上。皇后為他說了很多好話，弄得彼得反過來安慰太子，叫他不要因為自己的責備而煩悶，一切都是為了使他增加歷練，都是為他好云云，總之是溢滿了一片慈父之情。彼得多次推心置腹的對兒子說:「你已經長大成人，我如此不辭辛苦的操勞國事，你能否助我一臂之力?」但阿列克謝既不動情也不悔過，對父皇交辦的事仍然玩忽職守，甚至裝病推諉。因此，父子間的矛

盾越來越深。

1715 年秋，沙皇要求兒子參加遠征，說自己堂堂一國之君，為了國家社稷尚不惜五尺之軀，實在是見不得像阿列克謝這樣的遊手好閒之輩。還說了句重話：如果不隨軍出征，就要考慮剝奪阿列克謝的皇位繼承權。「太子幫」的策士覺得這是一個機會，讓他不妨以退為進，乾脆藉口健康不佳主動放棄皇位繼承權。彼得讀了兒子不思悔改的信，氣得病倒了。他對兒子知之甚深，懷疑他放棄皇位並非真心。於是又給他寫了封信，兩條路必須明確選擇：想繼承皇位，就必須痛改前非，以國事為重，想混下去是不行的；否則，就離開權力，到修道院去當修士。

阿列克謝起先選擇了後一條路，因為他的同黨說過這樣一句話：「僧帽又不是用釘子釘在腦袋

上的。」他打算躲在修道院裡，靜靜等候父皇去世，然後再出來繼承大位。但又有人說，要把僧帽換成皇冠也不是那麼容易！幾番掂量，最後他決定攜情婦逃往國外，這總比進修道院強。

沒想到，沙皇本人幫他實現了這個潛逃計畫。彼得從丹麥寫來一封信，想再勸勸兒子，要求他前往哥本哈根，參加與瑞典人對壘的海戰，要不就具體開始安排進修道院的事情。

這一次，阿列克謝要去哥本哈根了。很快的，他就名正言順的帶著情婦以及侍從離開了俄羅斯，跑到維也納去求奧地利宮廷的保護。奧地利宮廷把阿列克謝祕密收容到一處與世隔絕的山地要塞中，奧地利宮廷所打的如意算盤是：阿列克謝是俄國皇位合法繼承者，現在將他藏起來，將來也許會在一場政治賭博中發揮

重要作用。

　　彼得在哥本哈根白白等待了兩個月，太子一行卻生死不明。彼得估計路上發生意外的可能性不大，多半是太子故意隱藏起來了。於是，沙皇派出得力的人手一個驛站一個驛站的追尋太子蹤跡；幾個月後，終於追到了維也納，追到了那處深山裡的要塞。奧地利宮廷又把太子祕密轉移到那不勒斯，沙皇的人又追到那不勒斯。這時，奧地利宮廷再也無法支吾抵賴，只好承認俄國皇太子在他們手中，並同意引渡他回俄國。奧地利宮廷不想為了遙遠的可能的利益，而在當下就同俄國發生軍事衝突。

　　皇太子在逃亡中度過了將近一年半時間。在異國他鄉的困難歲月中，他的精神支柱就是對皇位的渴望以及種種傳言編織的美夢。

　　留在俄國的死黨們散布出許多謠言，一下說太子幫已經開始暴動，包圍了莫斯科；一下又說陰謀家們已經準備好謀殺沙皇；一下說駐紮國外的俄國軍隊已經起義；甚至說瑞典人已經打敗了俄國軍隊……所有這一切對他篡奪皇位有利的消息，都會引起他難以掩飾的狂喜。在這些「祕密報告」的刺激下，阿列克謝的腦子裡構思著一個比一個更加荒誕的「計畫」。據他後來供稱，他深藏內心的幻想就是父親及早死去，然後，他作為法定儲君，啟駕返國，繼承大位。當然，他也並不是完全沉醉於夢幻。在力所能及的範圍內，他也有一些積極行動。比如，他曾與奧地利皇帝談判提供軍援問題，甚至也不反對投靠瑞典王查理十二世，以便借他之力來篡奪皇位。

　　從那不勒斯返回莫斯科的路

程，太子一行人馬整整走了三個半月。1718年2月3日，莫斯科為太子舉行了入城式。太子進入克里姆林宮大廳，在父皇面前跪下。沙皇離座，用雙手攙扶起匍匐在地的兒子，問他有什麼話要說？太子請求寬恕，希望留他一條性命。

眾多的貴族與近臣目睹了這場父子相見。沙皇表示：你所要的我都給你，但你已失去繼承皇位的一切希望，你必須簽署一份正式文書，宣布放棄皇位。阿列克謝表示同意。

沙皇又問道:「你為何不聽從我的警告？是誰竟敢出主意唆使你外逃?」太子湊近沙皇並附耳低語，然後兩人到隔壁進行單獨談話。回到大廳後，太子簽署了預先準備好的放棄王位聲明，誓言「永遠不再要求繼承皇位，也不以任何藉口覬覦和接受皇位。」接

下來，宮廷立即頒布了褫奪阿列克謝繼承皇位權利的正式公告。

根據太子的揭發，幾位挑唆太子外逃的太子幫被逮捕刑訊。許多前所未聞的謀反策劃漸漸暴露出來，使彼得極為震怒。彼得曾多次承諾寬恕太子，允許他在回國之後同情婦結婚，去過自在富足的鄉村生活。但審訊結果表明，太子外逃絕不只是為了擺脫清苦的修道院生活，也並不完全是受人利用。特別是太子的情婦所交出的兩封密信，證明自己的親生骨肉不僅是個勾結外敵的叛徒，還準備對他使用種種駭人聽聞的陰謀手段。因此，他收回了對太子從輕發落的承諾，把他交給了一個臨時組成的特別法庭。

據當時的記載，由僧侶和官員兩類人組成的法庭就座後，皇太子阿列克謝由四名軍人押進大廳，站在沙皇面前。對受到指控

的所有罪行，太子供認不諱，並高聲陳述他不僅想在全俄國點燃起義的烽火，而且如果有必要，他也不惜借助外國的力量來登基……。直至此刻，阿列克謝皇太子還認為自己是眾望所歸，還以俄羅斯古老習俗與宗教信仰的捍衛者自居。

　　沙皇面向法庭，要求他們秉公判決，依罪量刑，而不必念及阿列克謝之皇子身分，但同時又希望他們寬大為懷。

　　據記載，太子神色自若的被押出大廳，回到嚴加看管的要塞內。有人事後分析，認為皇太子一直生活在夢幻中，在這最後的時刻，還希望用傳統的習俗與宗教來煽動法庭成員，以作出對自己有利的判決。

　　這個特別法庭提供了兩份判決書。主教們沒有明確結論，只摘錄了一些《聖經》段落以代替

判決。有的《聖經》段落說，忤逆不孝之子，應予處死；另一些段落則說，對回頭浪子和應予處死的淫婦，基督從來是「寬大為懷」的。另一份是世俗官員們的判決書，倒是很明確，直截了當的說，前皇太子的叛國罪應處以極刑。

看了這個判決，彼得反倒有些猶豫不決了。凱薩琳皇后也為太子求情，希望能免其一死。全國上下一片沉默，人人都緊張關注著前國家儲君的命運。

兩日之後，即 1718 年 6 月 26 日，皇太子阿列克謝去世。

皇太子死後第四日，彼得堡為他舉行了葬禮。

沙皇親自出席。

他緩步登上安放著靈柩的高臺，含淚親吻兒子冰涼的嘴唇。

12 新俄羅斯在
他手中誕生

　　一位姓氏不詳的作者曾在萊比錫印發了一本有趣的小冊子，書名是《1710年和1711年的聖彼得堡和喀琅施塔得雜記》。其中有一段文字描寫了俄國沙皇一天的生活。

　　書中寫道：沙皇不喜歡安閒的生活，每日勤奮工作。沙皇起得很早，起床後不是去找緬希科夫公爵或將軍們，就是去軍艦製造廠和船纜廠。我每天早晨都可以在濱河街上遇見他。他的中飯往往要拖到午後，不拘場所，經常願意在大臣、將軍或者公使那兒用餐……飯後，按俄國人習慣午休一小時，然後開始工作，直到深夜才回房歇息。類似玩牌、打獵類的娛樂他都不十分熱衷，唯一的愛好（這和別的君王顯然

不同）是水上活動。水使他流連忘返，有時一整天就在水上駕著帆船或小艇迎風逐浪……日復一日，樂此不疲，不管是下雨、下雪，還是颱風天。有一次，涅瓦河上已經結冰，只有皇宮前面還有一塊百公尺左右大小的地方未結凍，沙皇就坐著一條小艇來回划。河水完全封凍後，他就滑裝有滑刀的冰床，並解嘲說這也算是航海技術的冬季操練。

　　據傳記作家們掌握的資料：沙皇凌晨四點起床，在室內漫步約半小時，然後聽取御前機要祕書的彙報，接著吃早餐。大約清晨六點，乘一輛雙輪馬車前往視察建築工程或檢查前一天發出指示的執行情況，接下來巡視樞密院和海軍部。中午一點，彼得用午餐。他雖然喜歡狂斟豪飲，但日常生活中，常以粗茶淡飯為滿足：餐桌上擺的是白菜湯、飯、

烤肉加醃黃瓜或檸檬、肉凍、醃牛肉、火腿，不吃魚，也不喜歡甜食。在當時歐洲各國皇室和貴族看來，這是很寒酸的了。午飯後，他約休息一小時，之後，在辦公室閱讀各種報告，起草各種指示、詔令，修訂歷史著作《北方大戰史》。

以上兩方面的描寫是可以互為印證的。

在一般人的印象裡，彼得是一位馬上打天下的英雄，其實他在馬下治國所耗費的時間與精力更多。用他自己的話來說，就是「同時執劍與筆」。彼得寫東西寫得很多，且淋漓酣暢，下筆千言。他親自執筆的信件、詔書、指示、敕令及外交文件等卷帙浩繁，可以說是把自己全部的精力都投入到經濟、文化、社會、行政機構等各種領域的改革中了。彼得這個皇帝當得不輕鬆，真可

謂夙興夜寐，殫精竭慮。

當時的一位政治評論家波索什科夫曾寫道:「我們的這位偉大君主，捨身忘我的工作，但卻一事無成，因為願幫他一把的人不多。他一個頂十個往山上拉，卻有幾百萬人往山下拽。」回首那一段歷史，這應該是一個比較客觀的評價。

毫無疑問，彼得大帝在政治上的總傾向是改革而不是保守，是進步而不是守舊，是融入世界主流而不是與世界為敵。當時各個社會階層都有很大一股守舊勢力反對他的改革大業，從貴族、僧侶、官員一直到商人和農民。來自上層的政治反對，往往就發展成最高權力的爭奪，最典型的就是彼得與阿列克謝皇太子之間越演越烈的衝突。來自於下層的反對，最激烈的表現則為阿斯特拉罕暴動。這項暴動的口號為反

對社會改革與教會改革，反對外國人。射擊軍攪擾其間，與上層結合，試圖篡奪國家最高權力；與下層結合，則是挑動並參與暴動。

蘇俄時代，對彼得大帝的評價總忘不了要譴責他殘酷鎮壓市民起義、農民起義，完全迴避那些所謂的「起義」往往具有反對改革之背景。在三百年前彼得所處的那個君主制時代，改革與反改革之爭，最高權力之爭，一般雙方都表現得極為激烈和殘忍。這應該理解為時代的局限，而並非彼得與他的對手都嗜殺成性。

作為一位英勇善戰、開疆拓土的君王，彼得對戰爭有相當清醒的認識。他並不窮兵黷武，他曾經這樣說：「打仗不是為了保衛祖國，而是為了個人的榮譽，為了獨霸天下，這種人算什麼大英雄！」在竭盡全力推進各方面改革

事業的同時，彼得要拿一隻眼睛盯著瑞典的動靜。有時候，他不得不放下手中的改革之筆，而拔出戰爭之劍。

從 1700 年俄國與波蘭、丹麥共同向瑞典宣戰開始，至 1721 年俄國與瑞典媾和為止，這場彼得稱之為「北方大戰」的漫長戰爭時鬆時緊、時起時伏的進行了二十一年之久。除了林村大捷和波爾塔瓦大捷，還有 1712 年成功的芬蘭遠征，以及 1714 年俄國海軍首次獲得重大勝利的漢古特海戰等等。彼得多次向瑞典方面發出和平的呼籲，但瑞典人無論如何不能相信已被後起之秀的俄國戰勝，談談打打，打打談談，夢想出現軍事和外交上的僥倖，以挽回敗局。漸漸的，連查理十二這位老對頭也意識到同俄國再打下去已無利可圖，瑞典獨霸波羅的海的時代已經一去不復返了。

　　很不幸的，就在和約快要締結的時候，發生了一個意外：查理十二在打挪威的戰爭裡中彈身亡。他的妹妹繼任，試圖聯英制俄，已接近完成的和約被擱置。為了施加壓力，彼得親自率領近三百艘艦船組成的強大艦隊，渡過波羅的海，成功的登上瑞典海岸。

　　同過去歷次戰役一樣，彼得身先士卒英勇作戰。瑞軍不戰而走，俄軍偵察分隊一直逼近瑞典首都斯德哥爾摩城外，瑞典人一片驚惶。但彼得接受了瑞典人的請求，停止軍事行動，並以此表達和平誠意。瑞典人轉過身來和英國簽訂了同盟條約，把英國推上戰爭第一線。

　　經過彼得多年苦心經營，俄國艦隊已經相當強大，英國艦隊也未能成功阻擋。新興的俄國海軍又獲得兩次重要勝利：再次橫

渡波羅的海，打了一次勝利的登陸戰；格林汗戰役，一舉俘獲瑞典海軍四艘三桅巡洋艦。瑞典女皇終於認清局勢，於 1721 年 8 月 30 日簽訂了和約──尼什塔特條約。

得到消息的第二天，9 月 4 日，彼得緊急返回首都彼得堡，他要親自去宣布這一歷史性的偉大勝利。綿延二十一年的俄瑞戰爭結束了，俄國取得了不能再好的戰果。彼得乘坐的戰艦一駛入涅瓦河口，禮炮聲便不絕於耳。在炮聲的間隙裡，沙皇站在甲板上，向聚集在岸邊的百姓宣布這個激動人心的消息。戰艦緩緩逆流而上。隆隆的炮聲傳遍整個首都，傳遍全俄國……

尼什塔特條約的價值的確無法估量。它使俄國得到了波羅的海南部沿岸的土地。俄國不僅獲得了出海口，獲得了「通向歐洲

的窗戶」，還由此成為一個海上強國。僅此一項劃時代的貢獻，就足以使彼得流芳百世。

整個9月，彼得堡沉浸在歡樂之中，每夜燈火達旦。化裝舞會、大舞會、焰火晚會……花樣層出不窮。彼得穿上荷蘭水手服裝，擊鼓舞蹈，與民同慶。彼得說：這二十一年戰爭，是「花了三倍時間才讀完的一所充滿血腥而又危險萬分的學校。」「本次戰爭中沒有任何人比我貢獻更大！」「這種快樂乃是人生至樂！」

彼得堡的慶祝活動在加封沙皇為「彼得大帝、祖國之父和全俄皇帝」的隆重儀式之後而告結束。10月22日，聖三一大教堂舉行了加封儀式。當彼得的答詞一結束，海軍部、彼得保羅要塞以及停泊在涅瓦河上的一百二十五艘戰艦的數百門大炮同時鳴炮致禮，炮聲震耳欲聾。據當時的目

擊者說：「一切都被火焰籠罩，真令人以為是天崩地裂了！」

在隆隆炮聲中，一個新俄羅斯正在誕生。

13 女皇加冕典禮與後宮疑案

作為一位執掌著巨大權力的君王，彼得仍然逃不了某些人生的隱痛。皇太子阿列克謝之死，使他遭受一大打擊。緊隨其後，第二年，他與凱薩琳所生的小王子彼得也在四歲夭折。這次打擊更為沉重，他閉門謝客，三日三夜未進滴水粒米。

沙皇開始自覺渾身無力，性情也變得孤僻起來，脾氣更加暴躁。往日神采飛揚的雙眼已經黯然無光，一世的英雄豪氣也開始消沉。他常常一連數小時枯坐無語，也許在苦苦思索命運給他出的這道難題：自己出生入死所開創的宏偉基業，究竟可以託付給誰？

在小王子夭折三年後，也就是 1722 年時，彼得頒布了新的王

位繼承法，廢除了長子為天然王位繼承人的慣例。他擁有疆域遼闊的國家，卻連一個兒子也沒有了。根據新法，王位繼承人要由在位君主指定，並且，如果王儲有負眾望，君主可以收回成命，褫奪皇位繼承權。

彼得選擇的餘地很小。他對自己的孫子很疼愛，但有時又擔心他長大後會跟他父親一樣，變成一個沉溺於聲色犬馬的紈褲子弟。一雙女兒——安娜和伊麗莎白，自然是掌上明珠。但在他眼裡，畢竟不可託付江山社稷。出人意料的是，沙皇選中了一個帝王血統之外的「外人」——凱薩琳。

二十多年來，凱薩琳與他相伴相隨，一起南征北戰，知之甚深。她那種吃苦耐勞，不畏艱險的精神遠遠超出一般常人，特別是被困普魯特河陷入絕境之時所

表現出的從容、果敢，更使彼得銘感於心。實際上，二十多年的生活已經無數次的考驗了這位傑出的女性。也許，沒有學識，治國才略欠缺是她的弱項，但是她有一個沙皇十分欣賞的大優點，足以彌補缺憾：不拉自己的「皇后幫」，沙皇的左膀右臂，就是她的近臣親信。這不僅證明她不存政治野心，而且，在沙皇逝世之後，這批與沙皇一起創業的重臣，會幫助她把俄羅斯引向彼得的夢境。

經反覆掂量，沙皇於 1723 年11 月 15 日頒布了為皇后凱薩琳加冕的敕令。沙皇先引證了東正教與基督教歷代帝王的前例，然後表彰了凱薩琳追隨左右，轉戰四方的功勞。敕令中還特別提到，凱薩琳「絲毫未表現出一般女性所具有的弱點」，最後便宣布：「……鑒於此，朕決定行使作為

君王所擁有的權力，根據上帝的意志，今冬在莫斯科為朕的妻子進行加冕，以資報答。」

沙皇的敕令一公布，整個宮廷立即開始緊張的準備工作。負責去法國定製豪華馬車的官員奔波於莫斯科與巴黎之間；要到歐洲去定做服飾的人則整日圍著凱薩琳量來量去；女皇的皇冠決定在本國製作，沙皇一次從國庫撥出一百五十萬盧布。宮廷裡人人皆知沙皇花錢節省，都猜測這次加冕儀式的花銷會使他心疼。果不其然，人們終於觀察到彼得的一個精彩鏡頭：皇后試衣時，他看見華美的衣飾上掉下一些細碎的金片，難以克制，開始心痛的嘟嘟囔囔。

所有宮廷人員、樞密官、將軍、院長、外國使節，冒著最後一場大雪，從聖彼得堡來到故都莫斯科，參加凱薩琳女皇的加冕

典禮。這一天，凱薩琳皇后乘坐一輛特製的、飾有王冠的金色四輪轎式馬車，由威武的皇后騎兵衛隊護送到天使大教堂。凱薩琳身披因綴滿珠寶而極其沉重的大禮袍，在樂隊的吹奏聲中緩緩走向教堂前方。而牽著禮袍長長後襟的，是五名官階最高的宮廷女官。在大主教的主持下，彼得大帝當著各國使節和眾多貴族、大臣之面，舉起光芒四射的沉甸甸的女皇皇冠，戴在跪著的凱薩琳頭上。這位農民之女，這位前女俘，意想不到的登上了權力的頂峰。

這一刻，禮炮齊鳴，整個莫斯科沉浸在喜慶中。

接下來就是焰火、鼓樂、盛大宴會等等，彼得所喜歡的那些熱烈、鋪張的形式重演一遍。彼得又自我免除了帝王的尊嚴，裝扮成一個將軍混跡於人群中。放

浪形骸不分晝夜的狂飲和歡鬧，損害了他的健康，不思飲食，排尿困難。自以為百病不侵的彼得並沒當回事，照常外出旅行。在視察鍛造廠時，他拿起鐵錘打了幾十公斤重的鐵器，上面加蓋烙印。然後向工廠主要了工錢，再用這些錢給自己買了一雙鞋。他十分得意，這是他自己憑勞動掙來的錢買的。

　　接下來，他參加了一艘三桅巡洋艦的下水典禮，然後不顧醫生的勸告，又長途跋涉去施利色堡，參加占領要塞某某週年的慶祝活動。又去冶金廠視察，趁機又打了不少的鐵器，最後又去視察了古老的製鹽業中心老魯薩城和正在開鑿中的拉多加運河。等回到彼得堡，沙皇終於病倒了。

　　沙皇回到彼得堡是 11 月初的事。剛到家，就接到一封密信，狀告凱薩琳與侍從官蒙斯私通。

這對彼得又是一次沉重打擊。

私通一案到底是否屬實，後世的傳記作家們意見不太一致，似乎還存在某些疑點。可以確定的事實是，不到一週，劊子手就砍下了蒙斯的頭。其正式宣布的罪名是濫用女皇的信任，收受賄賂，以及貪汙了微不足道的一點公款。

最後，沙皇還使皇后受到一次嚴峻的考驗：有人說沙皇派人把蒙斯的頭送去放到皇后的桌子上，有人說是沙皇帶皇后去看剛砍下來的頭。審訊如此匆忙，判決又這樣嚴屬，這就增強了傳聞的可信性：蒙斯之死，是因為他和凱薩琳有曖昧關係。據同時代的人說，皇后是清白的。又有人說，彼得親自參加了審訊，女侍官們的口供證明皇后左右都捲入了這場宮廷醜聞。總而言之，沙皇受到致命的傷害。凱薩琳是他

生命中最親近且最信任的一個女人，不僅在感情上，而且在政治上他都把全部希望託付在她的身上。就在幾個月前，他親手把皇冠戴到她頭上，把她扶上了權力的頂峰。

尾　聲

——青銅騎士

彼得大帝終於一病不起。

去世前的三個月，他大部分時間是在病榻上度過的。感覺稍好，就忍不住下床活動。

11月，他抱病參加了長女安娜盛大的訂婚慶典。此後不久，他的大腿出現膿腫塊，病情急遽惡化。12月，他支撐著參加了小女兒伊麗莎白的生日慶祝宴會。過了耶誕節，已經很難下床。在逝世前的日子裡，他躺在病床上處理了幾項重大國事：鑒於蒙斯事件教訓，發出敕令，嚴格禁止任何人通過賄賂宮廷近侍干預政事。發出敕令，根據人口調查和軍費支出，規定全國每人每年應交稅額為 0.74 盧布。發出敕令，任命勘查隊隊長，去尋找一條經過冰海到達中國和印度的航線。

1月21日，沙皇的尿毒症急劇惡化。在極度疼痛中，彼得大聲呼號了幾天，到後來體力耗盡了，只能輕聲呻吟。1725年1月28日清晨六時，彼得大帝停止了最後的呼吸。

沉重的喪鐘此時響徹了聖彼得堡，響徹了故都莫斯科，響徹了廣袤的俄羅斯大地……

各個要塞和軍港的大炮鳴放禮炮，向偉大的君王致敬……

塗上了防腐香料的遺體，停放在皇宮大廳供人瞻仰。他親手創立的現代軍隊為他守靈。沙皇駕崩當天就宣布繼承皇位的凱薩琳，命令停靈四十天，每天在靈前號哭兩次。兩年後，凱薩琳女皇逝世。

3月8日，在彼得——保羅大教堂舉行了彼得的葬禮。

彼得大帝親手創建的聖彼得堡的每一個窗戶都披上了黑紗。

一百四十四門大炮禮炮齊鳴。

在軍樂隊奏出的哀樂聲中，漫長的送葬隊伍緩緩移動。

那一天風雪漫天。

在墓地，行完宗教儀式後，普羅科波維奇大主教開始宣讀悼詞：

啊，俄羅斯人啊！什麼是正在發生的事情？什麼是我們今天來到的境地？什麼是我們現在親眼所見？什麼是我們眼下親手所為？

……他離開了我們，但我們已不再是乞丐和貧兒：我們獲得了無盡的力量和光榮。他把我們俄國改造成什麼樣子，俄國便永遠是什麼樣子；他為善良的人們把俄國變成了可愛的國家，俄國便永遠是可愛的國家；他使敵人膽戰心驚，敵人便永遠膽戰心驚；他在全世界

贏得了光榮，這光榮便永放光輝！……

正如這篇悼詞所言，彼得大帝永遠的改造了俄國。他締造了強大的海軍，奪取了出海口，打開了俄國通往先進歐洲的門戶。他在一無所有的荒灘上建立了新都聖彼得堡，大膽向歐洲學習。他推行了一系列政治、經濟、軍事、法律、文化和習俗的改革；精簡了行政機構；發展了工業、商業、手工業和航海業；興辦了各類新式學校，派遣大批青年赴歐留學；促進翻譯、出版事業的發展；採用了當時先進國家通用的新式曆法……他使一個落後、保守、貧窮的舊俄國一躍而躋身歐洲強國之林。

大雪中夾雜著冰雹……

一塊紅色罩毯徐徐覆蓋在彼得大帝的靈柩上……

莊嚴的禮炮聲再次響起……

那是俄羅斯在為賜予她光榮與夢想的偉大君王送行。

彼得大帝去世後，先後有六位平庸君王當政，第七位是凱薩琳二世。這位深受法國啟蒙思想家影響的女皇是俄國農奴制度的反對者，宣稱「自由是萬物的靈魂」。同時代的人把她視為「俄國的救星，也是歐洲的救星」。她的傑出貢獻得到廣泛的承認，甚至被授予「英明偉大的皇帝和國母」之尊稱。在俄國歷史上，獲得「大帝」尊稱的君王只有兩位，一位是彼得一世，另一位就是凱薩琳二世。

在彼得大帝逝世半個世紀之後，凱薩琳大帝在聖彼得堡為他豎立了一座青銅雕像。雕像高五公尺，重二十噸。彼得大帝騎在前蹄騰空的駿馬上，神情堅定。馬後蹄踩著一條毒蛇，象徵著阻

擋革新的舊勢力。普希金有一篇
詠嘆彼得大帝的敘事詩，題目就
是「青銅騎士」，從此，「青銅
騎士」就成了這座紀念碑的代名
詞。

　　雕像上用俄語和拉丁語鐫刻
著下列字句:「獻給彼得一世 ——
凱薩琳二世　　1782 年夏」。

彼得大帝

小檔案

1672 年　出生。

1682 年　同父異母的哥哥費多爾去世,貴族議會擁立十歲的彼得為
　　　　新沙皇。異母姐姐索菲婭公主發動政變,彼得被降為第二
　　　　沙皇,異母兄伊凡王子成為第一沙皇。

1689 年　在母親的安排下,與葉芙朵吉婭・洛普希娜結婚。7 月,
　　　　與索菲婭公主公開反目。8 月,破解索菲婭公主的政變陰
　　　　謀,重新奪回政權。

1695 年　進軍土耳其的亞速,無功而返。

1696 年　1 月,伊凡沙皇病逝。2 月,著手創建海軍;5 月,再次
　　　　進攻亞速;7 月,成功占領亞速。

1697 年　3 月,組織高級使團,出訪歐洲;彼得化裝成隨團服務的
　　　　下士,以便考察學習。

1698 年　8 月,悄然返回莫斯科。之後,著手剷除射擊軍。

1700 年　簽訂俄土和約後,為了謹守「北方同盟」的諾言,次日即
　　　　進軍被瑞典占領的納爾瓦。俄軍大敗,俄國在歐洲的聲望
　　　　一落千丈。

1702 年　俄軍再次發動攻擊，旗開得勝。

1703 年　甯尚茨堡大捷，其後涅瓦河流域盡入俄軍之手。5 月，親自為未來的「聖彼得堡」奠基。

1708 年　林村大捷。

1709 年　波爾塔瓦大捷，歐洲各國對俄國刮目相看。

1710 年　土耳其對俄國宣戰，彼得提出和平呼籲未果。次年，俄國也對土耳其宣戰。

1713 年　俄國宮廷、外交使團開始遷往聖彼得堡，聖彼得堡逐漸取代古都莫斯科。

1718 年　皇太子阿列克謝去世。

1719 年　與凱薩琳所生的小王子彼得夭折。

1721 年　與瑞典女皇簽訂和約，綿延二十一年的俄瑞戰爭終於劃下句點。

1723 年　頒布為凱薩琳加冕的敕令。

1725 年　逝世。

兒童文學叢書

文學家系列

每一個文學家的一生，都充滿了傳奇……

「文學家系列」，

邀您進入文學大師的祕密花園！

榮獲第五屆
人文類小太陽獎

獻給孩子們的禮物

「世紀人物100」

訴說一百位中外人物的故事

是三民書局獻給孩子們最好的禮物！

- ◆ 不刻意美化、神化傳主，使「世紀人物」更易於親近。
- ◆ 嚴謹考證史實，傳遞最正確的資訊。
- ◆ 文字親切活潑，貼近孩子們的語言。
- ◆ 突破傳統的創作角度切入，讓孩子們認識不一樣的「世紀人物」。

兒童文學叢書

第1次系列

生命不能重來，童年無法NG

提供孩子生活所需的智慧維他命，
與孩子共享生命中的成長初體驗！

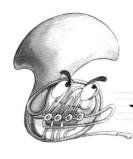

音樂家系列

沒有音樂的世界，我們失去的是夢想和希望……

每一個跳動音符的背後，到底隱藏了什麼樣的淚水和歡笑？
且看十位音樂大師，如何譜出心裡的風景……

國家圖書館出版品預行編目資料

青銅騎士：彼得大帝 / 鄭義著;簡志剛繪.－－初版二
刷.－－臺北市: 三民, 2010
　　面;　公分.－－(兒童文學叢書／世紀人物100)

　　ISBN 978－957－14－4765－0　(平裝)

　　1.彼得大帝(Peter I, Emperor of Russia, 1672－1725)
　－傳記－通俗作品

748.25　　　　　　　　　　　　　　　　　96009992

© 　青銅騎士：彼得大帝

著 作 人	鄭　義
主　　編	簡　宛
繪　　者	簡志剛
發 行 人	劉振強
著作財產權人	三民書局股份有限公司
發 行 所	三民書局股份有限公司
	地址　臺北市復興北路386號
	電話　(02)25006600
	郵撥帳號　0009998－5
門 市 部	(復北店)臺北市復興北路386號
	(重南店)臺北市重慶南路一段61號
出版日期	初版一刷　2007年8月
	初版二刷　2010年9月修正
編　　號	S 781950

行政院新聞局登記證局版臺業字第○二○○號

有著作權·不准侵害

ISBN　978－957－14－4765－0　（平裝）

http://www.sanmin.com.tw　三民網路書店